www.ingramcontent.com/pod-product-compliance
Lightning Source LLC
Chambersburg PA
CBHW070520160726
48003CD00004D/1644

هالة الصيدلاني

- ❖ من مواليد شهر فبراير..

- ❖ اعتادت على كتابة الشعر المعاصر بكلا اللغتين: العربية والإنجليزية.

- ❖ باحثة في علم astrology، وأيضاً محبة له.

- ❖ تكتب عَن كل ما يتعلق بوصف الذات والعاطفة بشكل عام. مولعة بالفلسفة.

- ❖ قائدة ومتحدثة جيدة.. تحب الفنون بكل أنواعها.

الإهـداء

لكلِّ شخصٍ يبحثُ عَن ذاتِهِ ومحتواهَا، وعُمق قلبِه ومُحتوَاه، والجوانبِ المعتمةِ لكلِّ قلبٍ وروح، أهدي هذا الكتاب لكلِّ شخصٍ جَميل، ويبحثُ عَن جمالِ كلِّ ما يشعرُ به ويستقبلهُ من شعور.. لكل قلبٍ يريد الحياةَ بجمالٍ أبداً لا يبهت، ويَعرِفُ كَيفَ يُحِب...

هالة الصيدلاني

كافيين

AUSTIN MACAULEY PUBLISHERS™

LONDON • CAMBRIDGE • NEW YORK • SHARJAH

الطَّبعة الأولى (2021)
أوستن ماكولي للنشر م. م. ح
مدينة الشارقة للنشر
صندوق بريد [519201]
الشارقة، الإمارات العربية المتحدة

www.austinmacauley.ae
+971 655 95 202

الفهرس

مقدمة

الحياة جَميلة..

وأجمَلُها ما يُحيط بنا من أحبابٍ وعزيزين على قلوبنا... كلُّنا أجزاءٌ منفصلةٌ وغيرُ منفصلةٍ أحياناً، منَّا من يجيد الحفاظ على ذاته وقيمتها، ومنَّا من لا يستطيع فِعْل ذلك، أو بالأحرى يعجز عَن فِعْلِ ذلك...

الحياةُ هي كلماتٌ لا تترجم أو تفسر غالباً، أرواحٌ بلا هوية، مشاكل، معاناة بلا نهاية، مواقفُ سلبيةٌ سَلَبت ما بداخِلنا من سلام وأمان، بشرٌ على هيئة ملائكة، بكاء صامت وأنين.. العشق والحب والإعجاب والحنين والانجذَاب.. كلّه متصل بمسمى "العلاقات"، ونحن بطبيعتنا لا نستطيع العيش بدون الشَّخص المنشود أو المناسب أو حتَّى توائم روحنا، نترك الحياة تأخذنا بالانشغال أحياناً، ولَكِن دائماً داخلنا البحثُ والفضول النابض بعدم توقف القلب لمقابلة الشَّخص المنشود، ولأن هذا الشيء

يشكل جزءاً كبيراً من الحياة، يجب أن نَفهم أنفسنا أكثر عند الانغماس أكثر به، ويجب أن نعرف كيف نحتويه بطريقةٍ صحيحةٍ ومسالمةٍ حتَّى لقلوبنا الهشة...

جزء كبير من حياتنا يستحق المعرِفة والمثابرة والجهد، ومعرفة القيمة الرائعة لكل ذات وقلب عاشق، قلوبنا تشعر بأشياء كثيرة ولكِن لا ندركها أو حتَّى نترجمها.. فقط نشعر بها، كالمشاهدة من بعيدٍ والخوف من لمسها، ونريد من يمسك بنا ويقودنا لترجمتها وفهمها، ويجعل منَّا الأفضل...

الشَّخصيات العابرة التي منها الباقي ومنها اللا باقٍ، تُشكِّل من حياتنا جزءاً كبيراً أيضاً، وبمسمى الأبراج من السهل اكتشافها والتعامل معها بكل الطرق، أي بمعنى حتَّى لو لمْ تبدأ بمعرفة شخصية معينة، تستطيع التراجع إذا لمْ تناسبك، والحرص قبل البداية برفق تام. كلنا مصنفون بطريقة ذات علاقة لتاريخ ميلاد كل شخص منا.. شيء جَميل أن تدرس اللغة لشخص ما إذا انجذبتَ للغة بُرجٍ معين، وعند أقدامك لمعرفة هذا الصنف من البُرجِ، تقدم بكل ثقة وقوة وثبات، ومنها أيضاً أن تكتشف بنفسك ملامَستك لهذا البرج...

علاقات من كل الأنواع والأبراج، وكلّها تكون عابرة بِنا ولا تستطيع تجاهلَها، أو حتَّى عدم التعلم منها بطريقة صحيحة وإيجابية، ولروح خالية من أي ضرر، وبشكل تام متعافية...

كيف نحب، وكيف نجيد فعل ذلك؟! كيف نتعامل مع كل قطرة تحمل كل هذه العواصف والعواطف، كيف نواجه أنفسنا قبل كل شيء نجده في طريقنا، كيف يمكننا ألا نجعل أي عائق يأخذنا بعيداً عما تستحق قلوبنا ومشاعرنا، كيف ومتى وأين وأكثر من ذلك، من حروب تواجهنا باسم "مشاعر غير معرفة.. مشاعر مجدية وغير مجدية"؟

أرواحٌ ضائعةٌ

الأسباب..

حبيب.. صديق.. مجهول أو حتَّى قريب، أو رُبَّمَا الوهم المواسي الطبيب..

رأيت حضورَك من بعيد.. داعبني شعور الجنَّة والأبد السعيد.. سلَّمتك نفسي بكل ما أريد.

أعجبني حديثُكَ وهمسُكَ، ظِلُّكَ وشمسكَ، والعديد العديد....

أصبحت كالمجنونة أُغنِّي: وأخيراً وجدت الحبيب..

أضحك متأمِّلةً، وأحياناً متعثرة، وأحياناً أخرى لا أرى وأركض إليه بلا تأنيب.

يبدو جَمِيلاً جداً.. وكاملاً، وأميراً ومتفائلاً، ونحوه لا أجيد المغيب.

الحب والوقت.. يتسابقان بيننا، ويأتي الشوق ويحرقنا اللهيب.

الحبُّ يبقى حباً إذا بقي الحبيب، والشوق يبقى شوقاً إذا استمع المجيب.

لا تُنزِف قلبي، وبعدها يُولَد صمتي، وتموت حواسي.. ولا يبقى حتَّى أنا.

لا تُسِئ فهمي، ولا تُضِع دربي، ولا تقتل نفساً بها حبُّنا... الوهم كبر.. والآن اختفى، وألومه لأنه لمْ يأتِ لنا.

القصة يا عزيزتي أو يا عزيزي، أو يا حتَّى أنا؛ فالوهم هو ميت، ولَكِن وُجِد لإرضائنا.

والآن أرى الحبيبَ ليس بالحبيب، والروح اختنقت وبَكَت وعانت وأجهضت النَّقص والوهم.. ضاعت الروح بسبب من تركها، وخذَلها ولَكِن هناك عظمة الرقيب.

رُبَّمَا خسِرتُ الدنيا بك؛ لأنك كل ما تمنيتُه بها، ولَكِن هي دنيا لك دنيئة.. تشبهكَ كالسهم الأسود لقلبك المعيب...

عندما تشعر الروح بالضياع.. تفقد رونقها وثقتها وكل ما تحمل من جمال.. والسبب يكون غالباً شخصاً لا يستحق أقلَّ جزءٍ من قلْبِنا. وهذه عبارات تساعد الروح بالشفاء والعودة لذاتها.

التعلم وعدم تكرار الخطأ..

لا تشعُر بالأسف اتجاه نفسكَ لأنك أخطأت، ولا تكره نفسكَ ولا تلومِها.. تعلَّم الدروس وإيجابيتَها، وأيضاً تمتَّع بالسلبيات، فالالتزام بالقوانين أحياناً مملٌّ، ولا يعطينا الفرصة لتعلم المزيد... والعمر لا يكفي لتعلم كل شيء...

الحريص هو الذي يدركُ الخطأ، وأبداً لا يكرره، ويحذر ويخاف على مشاعره.. أيضاً بالنِّسبة إلي، توجد أوقات أدرك أن الخطأ هو الصواب، والصواب هو الذي يتضح في النهاية أنه خطأ.. عبارة قيِّمة للتأمل بلا شرح.. وهناك أخطاء واضحة وأخرى مبهَمة، وهناك أخطاء مُدرَكة وأخرى معتمدة على مستوى الفهم والخبرة من قبل الشَّخص.. وبنهاية كل خطأ لوحةٌ جَمِيلة، نضِجنا بها، وجعلتنا ما نحْنُ عليه اليوم. ومن خطأ عاديٍّ إلى خطأ جَميل.. نرى فيه من بعيد كيف كنا، وكيف الآن أصبحنا ما نحن عليه..

حبُّ الذات واحترامها والثقة بها..

أكثر شيء يعجبني وله تأثير إيجابيٌّ عظيمٌ جداً هو تقديس وتتويج الذات بكل ما تستحق من الحب، أحبَّ ذاتك كثيراً أكثر مما تحب أحداً ما بالواقع... اِفعل كل ما تريد لها، ولا تحرِمْها من

شيء، ولا تكفَّ عَن العطاء إليها بالأفضل، وغذِّها بالحب، واجعل لها وقتاً خاصاً.

اِعشق نفسك واجعلها غَنِيَّة.. اجعلها قنوعة ونقيَّة، ولا تقلِّل من قيمتها في أي شيء، حتَّى لو كانت فقيرة؛ فهي بالروح وبالحياة غنية.

قبل أن تحب شخصاً ما، يجب أن تحب نفسك لكي تستطيع أن تحب.. كن على درجة عالية من الثقة أنَّك رائعٌ، ومنتجٌ جيد، وحتى لو كانت بك عيوب.. فالعيوب جَميلة جداً بوجود الثقة.. والثقة بالنفس لوحدها جاذبية.. وعندما يحب الشَّخص نفسه بعيوبه وكلِّ أخطائه، هنا تكون بداية الصلح مع ذاته، وتقبُّلها بكل ما فيها، والاقتناع بالخطأ بعمق جيد لدرجة إصلاح هذا الخطأ وتجاوزه..

كن قريباً من الله واجعل العلاقة سَخِيَّة..

الحياة تشغلنا أحياناً عَن الإله.. فهو يريد الثناء والذكر والصلة والخضوع بشكل تام فقط إليه؛ فهو أعظم حبيب.. لا أطلب منك أن تكون شديد الالتزام.. لا.. فقط لكي لا ينساك الله وتضيع يجب أن تقوِّي العلاقة به لكي يحميك وبالإيمانِ يغذيك، وبالقناعة التي يفتقر لها أكثر النَّاس يرويك ويرضيك.. لا تغفل

عَن الصلاةِ فهي عَن الفحشاء والمُنْكَر تنهيك.. بكل الظروف أحبَّ الله، وبكل الظروف تعلَّم أن تبتسم، والعطاءُ مِنْك هو فقط الثناء.

الأصدقاء والإلهام..

كنت أعتقد أن الأصدقاء كائنات أبَدِيَّةٌ لا تنتهي، ولَكِن الواقع خذلني... ولَكِن هناك دائماً أصدقاء جيدون.

كن مع الأصدقاء بكل الأوقات، فهم دواء لكل مأساة، فهم مأوى دافئ.. الأصدقاء هم الحب والأخوة والدعم والصدر، وكل شيء...

الصداقة هو أن يتقبلك الصديق بما أنت عليه، ولا يسيء الفهم أبداً، ويستمعُ إليك دائماً.. اليوم احرصوا على انتقاء الأصدقاء الجيدين؛ لأنهم الحياة بلا تعويض.

الإلهام.. شيء تحبه كثيراً، ويأخذ من يومِك كثيراً، وكلما اقتربت منه أو دخلت إليه ترى موهبتك في شيء ما وقد زادت بلا جهد.. شيء يجعل منك الأفضل دائماً، سواء كان شيئاً كـ"شيء" أم إنساناً رائعاً يلهمك دائماً فقط بوجوده..

عندما تضيع منكَ نفسكَ، اقترب من هذا الإلهام، واترك نفسك فيه وستكون بخير.

الرضا عَن نفسك..

أحياناً تكون النفس غير راضية تماماً عما تفعله في حياتك، وما يحتويها من أشخاص أو من أشياء أو رُبَّمَا قوانين.. لذلك يجب أن تبحث عمَّا يرضي هذه النفس وما يُشبِعها؛ لكي تشعر بالراحة التامَّة، والرضا اللا محدود.. مثلاً: إذا فعلت شيئاً وأدركت أنه ليس بكافٍ؛ إذاً افعله مرة تلو مرة إلى أن تصل إلى المستوى المرغوب من الرضا.. أيضاً إذا لمْ تعجبك حياتك من قوانين، فقم بالتغيير ولو بشيء بسيط بها.. تغيير القليل من قصة الشعر يساعد أيضاً، أو القيام بتجربة شيء جديد، ولا بأس إذا كان مخيفاً، أو بالأحرى غير اعتيادي..

الرضا مهمٌّ جداً للإنتاج الجيد والسعادة والسلام مع نفسك..

تبادل الأرواح..

كلنا غايتنا أن نَقَعَ في الحب، ونَقَعَ بشعور الحب، أو بالأحرى – كما أسمِّيه أنا – جنَّة الدنيا. أي إنه الحب.. نريد فقط

الحصول عليه بشدَّة وبشغف ودعاءٍ أبدي؛ لإيجاد الحبيب المجهول...

هناك مقولة سمعتها من صديقة وهي: "لا شيء يبقى للأبد".. كنت ضدَّها إلى أن عشتُها، والآن فهمتُها وأنا لست ضدَّها أبداً، مقولة صحيحة، ولَكِن ليست تماماً! "لا شيء يبقى للأبد": بمعنى لا شيء يبقى كما هو؛ لأن المتغير أقوى مما كنتَ عليه بالأمس، والتغيير شيء ثابت في الحياة ومؤكد، والروح شيء قابل للاكتساب، وللتغيير دائماً.

أيضاً التغير مكتسب غالباً؛ لَكِن بطرق غريبة ومخيفة ومعظمها سلبية.. كيف نجد الحب ليجعلنا آمنين...؟

ويوجد داءٌ اسمه "تغيير".. التغيير جَميل، وهو دواء لبعض المرضى؛ لَكِنه داءٌ لبعض المحبين والمتصنعين، وأيضاً داء لشخص جَميل مزقه العشق، وضاعت روحه بعيداً للتلاعب بها.. لذلك لا تجعل أي شخص يغيركَ للأسوأ، بل بالعكس تماماً، تعامل معه على أنه كابوس مؤقت ليجعل منكَ الأفضل.

لا تسمح لأي شخص أن يمحي ذاتك وما أنت عليه مهما حدث، ومهما رأيتَ من ظروف قاتلة.. لا شيء صعب.. هو فقط اختبار لصبرك، وكم قوي أنت لتصل إلى الأفضل.

عندما نرى أشخاصاً ونعرف بداخلنا أنهم الأشخاص الذين تمنيناهم طيلة حياتنا، ونتمتم "يا إلهي.. وأخيراً! وكم كنت أنتظر هذه اللحظة! لحياتي ولقلبي هو المنتظر!".. هو شعور جَمِيل، ومن الممكن أن يكونَ صادقاً وحقيقياً، ولَكِن من المحتمل أن يكون العكس تماماً؛ فالحب هو أجمل من أن نراه أو نشعر به.. هو أشياء نؤمن بها ونراها تتحقق. نشعر بها، وتصل إلينا حرفياً، أي كأنه شيء مقدر..

كثير من الأشياء ممكن أن نستخدمها كالإشارات، أو الحدْسِ، في الوقت الذي ترى به شخصاً وتعيش معه الشعور الفريد من الحب، ثم تصل إلى مرحلة العشق، وبعدها ترى أنك لمْ تشعر بالملل، وكأنه كل مرّة تقتّربُ فيها من هذا الشَّخص.. هي أول مرة تقع فيها بالحب معه.. عند هذه الخطوة اترك نفسك لهذا الحب...

في حالات كثيرة جداً، يوجد ارتباط وحبٌّ وشعورٌ فريد، ولَكِن عند مرحلة العشق؛ نستنتج أنه ليس حباً... فالحذر في كل خطوة للارتباط، والإيمان والقناعة بالحبيب وتقبُّلهُ كما هو عليه وبكل عيوبه الجَمِيلة، والعيوب ليست عيوباً عندما نحب؛ بل هي الشغف للجنة، أي للحب...

بوجود الحب تتبادل الأرواح لتصبح واحدة، والهدف هو حماية هذا الحب، والمحافظة عليه مهما طالت مدَّته ومهما واجه من ظروف صعبة وطرق مبهمة.. شعور الحب لا يتغير أبداً، ككل مرة ترى من تحب كأنك تقع بالحب مرة أخرى... وإذا تغير الشعور إذاً ليس حبّاً...

الكثير يستحيْل عليهم تعريف الحب والمشاعر الغريبة التي تولد بسبب ذلك الشيء، ولَكِن بالنِّسبة لي هو أشياء كثيرة وجَميلة ومن الصعب وصفُها، رُبَّمَا لأنها تعيش لمجرد لحظات وتموت، ثم تعود وتموت مرة أخرى، أي إنها قابلة للموت بالرغم من أنها ليست كذلك، إذا كانت حقيقية.. المشاعر الحقيقيّة لا تموت أبداً حتَّى لو كان صاحبها غائباً.

أشياء نفعلها بلا سبب.. أولأكثر من سبب..

تناقض على الأغلب، ولَكِنه جَميل، كما إنني محبَّة له. أشياء نفعلها بلا سبب، كالحب، الأكل، البغض، البعد، العزلة، الصِّيام عَن بعض البشر.. مثلاً لو أن شخصاً أرادَ التخلص من بعض الوزن، والسبب يكون هو وزنه الزائد، ورُبَّمَا يمكن أن يكون للتخلص من أمراض بالجسم، والتمتع بالصحة، وأيضاً للتغيير من نفسه وهكذا.. بالرغم من أن الكثير يريد أن يتخلص

من الوزن الزائد بحجة الصحة والهوس بها، حتَّى لو لمْ يكن يمتلك وزناً زائداً.. أي بلا أسباب مجدية.. أنا أسميه "حب الذات".

كشخص أراد أن يَقَعَ بالحب، ليس لأنه أحب من أول نظرة، أو أحب بجنون، فقط لأنه أراد أن يتعلَّم كيف يحب، أو أراد صديقاً بجانبه، ومن لا يريد أن يتقن لغة الحب! ليس بالضروري أن نفعل الشيء لسببٍ، وأيضاً من الضروري أن نفعله لأكثر من سبب.. هناك أشياءَ رائعةٌ نفعلها بأسباب وبلا، فالحياة مغامرة ويجب أن نعيشها بكل معانيها، وبلا قانون.

بعض القلوب تريد الاستقرار، وبعضها تريد الفِرار.. والحياة ملتزمة لمْن يلتزمها.

الاحتواء..

أصواتٌ غير مترجمَة، اختناق، ضياع، بكاء، تشاؤم، أنين.. أسرارُ الليل التي ليس لها نهاية.

أسمع الكثير من القصص، وأغلبها أراها عَن قرب.. شخص يشتكي من حبٍّ مبهمٍ ولا يستطيع أن يوقف الألم، حتَّى وهو يتحدث عَن وصف ما يشعر به من معاناة، أحياناً تكون قصته واضحة، ونهايتها واضحة، ولكِن الحبَّ أعمى... لهذا يجب

أن تعذره وتحتويه بكل ما فيه. أنصت إليه بكل حواسِّك ولا تقاطعه بالنصائح المعتادة، والتي لا نكفُّ عَن سماعها، فقط توقَّف وانصت، حاول أن تشعرَ بما يشعرُ به، وفكِّر كيف قلبُه يتمزَّق ويتبعثر.. حاول أن تفهم أسباب حبِّه للشخص! ليس كل سبَبِ المحِبِّينَ واحدٌ.. اجذب كل جزء به إليك برفق، ولا تترك أي فراغ.. فقط لَمِلم أجزاءه المبعثرة بالإنصات والفهم...

الاحتواء شيء كبير جداً وبلا سياج.. هو احتياج، مفتاحه أن تستمع جيداً للشخص بدون لومٍ أو نصح... لا تتركه، ودائماً كن بجانبه حتَّى يتجاوز ما يمر به من وقت عصيب وألم.. لا تبتعد وتجعل بينكم مسافات بحجة أنه لا يفهم، أو لا يعرف خطأهُ.. فهو يريد فقط الاحتواء.

بعض الأشخاص لا يحب النصح، رُبَّمَا يحب أن يتعلم لوحده... وكلٌّ له طريقته.. البعض يحب أن يستمع لمن هو أكبر منه سناً وخبرةً، ومن يمتلك الفهم.. ولَكِن ليس كلُّ كبيرٍ وخبيرٍ يمتلك الفهم.. بعضهم لمْ يذق طعم الفهم إطلاقاً، رُبَّمَا فقط يدَّعي ذلك.

أيضاً الحياة مدرسة جَمِيلة، وهي نوعان: مدرسة تعليم ومدرسة تأديب بلا تأنيب، ولك ما تريد.

ولمن يجيدُ النصح، حاول أن تختصره؛ لأن خير الكلام ما قلَّ ودلَّ... وإن كنت حكيماً فبكلامك القليل تكون الحكمة كثيرة، والعكس صحيح.

هناك مثل إيرلندي أُحبِّه يقول: "من يتحدث كثيراً فهو يكذب كثيراً".

ليس فقط الحب سبب الألم والاختناق؛ فهناك أمورٌ كثيرة تجعل منَّا أناساً مبعثرين، ونريد من يستمع إلينا، كأشياء تافهة وغير مرئية.. كلُّ شخص له معاناة مؤقتة، ونادراً ما يتحدث بها، ولَكِن ينساها قليلاً بالانشغال بفرحه أو عملٍ أو زحمة حياة، ثم تأتي نار الدنيا قليلاً وتذكِّره بالمعاناة كأنها تحرقه؛ ليشعر بها قليلاً، فالآن الكلُّ يغار، والكلُّ يقارن نفسه بغيره، والكل فاقد الثقة، والكلُّ رُبَّمَا لا يريد شخصاً يسبقه للأفضل حتَّى جنَّة الدنيا ونارَها، فلو استمتعت بسعادة غامرة بجنة الدنيا... غارت نارها وحرقتك، وهذه هي الحياة.. وبكل الأحوال يجب أن نعيشها بحلوها ومرها.

القراءة والنطق..

ما أجمل أن نقرأ كتاباً أو شخصاً أو صوتاً صامتاً، نسمع صداه من بعيد، ما أجمل أن نقرأ طبيعة أو مشاعرَ أو رُبَّمَا طيراً جَمِيلاً..

إذا كنت تجيد القراءة جيداً؛ فقُمْ بالمساعدةِ والتأمُّل بنفس الوقت، وإن كنت لا تستطيع فحاول أن تفعل؛ خاصَّة لمن تُحِب.. كلُّ له نصٌّ خاصٌّ به، وترجمةٌ، وإلقاءٌ مميز، وبثٌّ غيرُ مُعَرَّف.. الرائعُ أن تتعايش مع هذا الشَّخص وتقرأه بكلِّ حرف... البداية تكون نوعاً ما صعبة حتَّى تستطيع القراءة.. هناك أناس سلبيون وغير مروضين ويقرؤون الكذب في كل مَكَان، ليس فقط بالعيون؛ الحركات.. النطق.. طريقة الإلقاء، ورُبَّمَا أكثر، وكلٌّ بحدود قدراتِه.. ومثال لشخصٍ إيجابيٍّ عندما تقرأ انكساره لِعِلَّةٍ مَا، أو عقدة ليست معروفة تراها بنور عينيه، أو يوجد بهالة حضوره الكثير من الدفْء، مع القليل من الخوف لكلِّ شيء غير متوقع وهادئ...

أيضاً من لا ينام، وفقط ينام وهو مستيقظ تماماً لاشتياقه لشخص عزيز... تقرأ التَّعبَ والإرهاق وهو مستيقظ تماماً ونائم بذات الوقت.. وتقرأ ما لمْ يسمع، وفقط يرى لأن أذنه امتلأت من الكذب، وأصبَحَت غير مستخدمةٍ بلا قصد...

تقرأ معاناة مريضٍ بات لا يشعر بالصحة أبداً ويقول الحمد لله... أناسٌ وأشياءَ كثيرة.. الحب والحبيب والمُحِبُّ؛ أجمل ثلاثة أشياء.. عش لليوم وحاوِل بكلِّ جُهدٍ أن تقرأ من تحب لتعرف مفاتيح فرحه عندما تريد إبهاجه، ولكي تقفل مفاتيح حزنه أيضاً عندما يتوجب عليك ذلك.. اِعرف ملامح راحته وسعادته واعمل عليها وكأنها آخر سعادة لك...

اقرأه لكي تسارع به إلى النجاة، وتملؤه بالحياة، واعمل على أنَّ وجودك دائم بكلِّ الأوقات، وخاصَّة الوقت المناسب لحاجته إليك.. واقرأ خذلانه وأصْلِحه.. واصنع من دموع حزنه دموع فَرَحِه... واجعل من ابتسامتك ابتسامة أكبر له.. وانصت له أكثر مما تتكلم.. واحمل عنه العبء، وشاركه المعاناة لكي لا يشعر بثقلها، وازرع به الأمان الأبدي. واجعل منه الأفضل دائماً. كن كلَّ هذا وأكثر، إذا استخدمت الصبر وقرأتَه جيداً، وإذا كنت تحبُّه فعلاً لا تستسلم، واقرأه جيداً واعمله جيداً، واستخدم الفعل أكثر من الكلام.

الغفو والصحو والنوم..

تتعب فجأة، وتشعر بالسوءِ فجأة.. كل شيء لا يطاق، وكل شيء شِبْهُ لا محتمل.. وأتْفَهُ الأسباب تجرُّك إلى الحافَّة، وتريد

أن تفعل أي شيء لتنسى هذا الشعور الغريب، والمسمى بالمفاجئ... وغالباً هذا الشعور يكون بسبب الضغط، وأمور نكبتها لأعوام ولا ننظر إليها بالتدقيق المفروض... ولهذا السبب فجأة يحدث انفجار غير مرغوب، ولأي سبب كان... حتّى لو كان سبباً تافهاً، وأنا أتحدث عَن هذا لأفسر أشياء رُبَّمَا البعض لا يدركها...

الغفو..

جَميل أن نغفو ونأخذ راحة بسيطة من الواقع المرّ، أو الحياة الدنيئة.. الغفو كحلم لا تريد الاستيقاظ منه؛ لأنه جداً جَميل وتريده بشدة..

سوف أتحدث بالعلاقات لأنه أكثر جزء يحدث بحياتنا، وأهم جزء أيضاً، فالحب يحدث كلَّ يوم وبكلِّ لحظة، ورُبَّمَا بثوانٍ قليلة...

الحب أعمى، ويجعلنا لا نرى جيداً الشَّخص الذي نحب حتّى لو كان سيئاً.. فتاة أو حتّى فتى، أعجبت بشخص ما لفترة، ثم تعلّقت به، ثم مرسى الحب... وليس المرسى الأساسي لا بل يوجد الكثير.

وصلنا إلى الحب، هي تحبُّه وهو رُبَّمَا لا، أو رُبَّمَا نعم.. هل هناك إثبات أو اهتمام أو أي دليل على هذا الحب..! هي لا ترى لأنها معميَّة بالحب، فلا بأس في ذلك.. هل يهتم بها! هل يلجأ إليها عندما يحتاج إلى من يسمعه أو يريحه أو حتَّى يفهمه... هل يعطيها من وقته الثمين؟ هل هي من أولوياته بقائمة الحياة...؟ هل يشعرها بأنه يحبها! هل ينصت إليها جيداً لا يقاطعها! وأيضاً هل يلجأ إليها بلا احتياج وبلا سبب لأنه فقط يعشق الوجود بجانبها! الكثير من الأسباب، وكلّه في سبيل الحب.

الفتاة تحب بضعفٍ أكثر، وبعاطفة فارغةٍ تريد من يملأها بأي شيء كان، وسوف ترضى بالقليل.. لَكِن هو لا يمانع أن يستمتع قليلاً، يؤمن بالمكسب، ولا يهتمُّ كثيراً بالروحانيات، أي إن أغلب الذكور هكذا، تهيم به الفتاة، وتحبه أكثر وأكثر كل يوم، وبسبب ما تشعر به لا تريد أن تستيقظ من هذا الغفو.. لا ترى ولا تدرك ولا تستخدم عقلها كثيراً، هي فقط استخدمت كل طاقتها لتكون غافيةً بهذا الحلم العابر... هناك أشياء تحدث من حولنا وتكون جَميلة جداً كالحلم، ولَكِن لا يجب أن نغفو عنها، ولَكِن لا بأس للحظات بسيطة...

الصحو أو الاستيقاظ بعد غفو طويل..

تستيقظ وأنت مرهق جداً، ورُبَّمَا تصبح عاجزاً عَن التفكير، أو حتَّى الحركة، وكسولاً جداً لأي نشاط بالحياة وبشكل عام... أنت فقط استيقظت وصُدِمت بالواقع، كالذي دخل الجنَّة وأدرك أنها النار... شعورٌ بشعٌ جداً وصعب، والأصعب التأقلم مع هذه النار.. كل شيء بطيء، ومن تحبُّ ليس هنا ليساعدك، وكل من حولك يتحدثون بلغةٍ أنت لا تفهمها، وكأنهم يتحدثون بصمتٍ لا تصل إليك أصواتهم.. رُبَّمَا تكون فترة صعبة، ولَكِن أهنئك، فأنت استيقظت من الوهم أو الحلم، أو شخص اعتقدت أنه الحبيب... فتعلم كيف تصحو من الغفو الجَمِيل؛ لكي تعرف كيف تجعل من الواقع والحياة النارية حياةً أجمل لك ولمن تحب... كن خلاقاً في الحب.. وانتبه من غفواته...

النوم..

ما أجمل النوم لمن يعاني من الاكتئاب المزمن، أو الشَّخص الذي يريد الهروب من الواقع... أنا أحبه للهروب وللراحة من عقبات الحياة اللا نهائية.. وليس هذا السبب فقط، فأنا أنام أحياناً لأرى من أحب، أو لأشعر بمن أحب، فالنوم الطريق الوحيد لالتقاء المحبين.

من يشتاق إليك تراه هناك، ومن يحبك كل يوم تراه هناك، ومن يناديك تراه هناك.. حتَّى في الحياة الثانية... كل من يحتاجك أو يحبك يأتي إليك هناك... والأجمل أن الله دائماً معنا هناك.. وتأتي منه رسائل جَمِيلة تدعونا إلى الاستمرار بما نفعله، أو أشياء كهذه.. غفوٌ وصحوٌ ونومٌ.. معبرة جداً، ولكِن رُبَّمَا تتساءل: لماذا النوم آخر مرحلة... لأنه الأصعب، ولأنه دائماً يجعلنا نضيع بكل هذه المراحل.

بعد الصحو نكون في مرحلة تخدير أو شلل، ووجود التردد بين الصحو أو الرجوع للغفو مرة أخرى لاشتياق الشَّخص للحلم، أو الشعور الجَمِيل الذي كان يشعر به من قبل، وهو في مرحلة الغفو، وكلّه يأتي من قوة إيمان هذا الشَّخص... هل هو قوي كفاية ليدرك أنه أخطأ وكان غافياً.. أم لا يدرك ويعود للغفو مرة أخرى...؟ ونادراً ما يدرك ولا يعود للغفو، لهذا أغلب من في العلاقات يعودون لهذه المرحلة، والأسباب كثيرة، ومنها: النقص الكبير وعدم الثقة الكافية بالعقلانية التي لديه.. والاحتياج الواسع والفراغ الغير ممتلئ... يعود الشَّخص لهذه المرحلة وهذا يجعله ينغمر أكثر بالسعادة والراحة، فهو الآن في الجنة حسبما يشعر ولا يريد الصحو أبداً، بل يكون الشعور أكثر دفئاً وأكثر صدقاً وأعمق وهماً؛ لماذا؟! أولاً؛ الرغبة للعودة

لهذا الشعور وعدم الاهتمام بالعواقب (ماذا قال له الحبيب لإقناعه)..

في هذه المرحلة، غالباً يكون الحبيب ليس صادقًا (الأدلة التي اقتنع بها.. والشعور القاتل الذي يريده بشدة... ولهذا السبب يغفو مرة أخرى؛ لدرجة أنه يدخل بهدوء تام لمرحلة النوم...)

والنوم جَمِيل عندما نريد أن نرتاح من المشاكل والمواقف الصعبة، فكيف لو كان سببه الحب؟ هنا يحدث النوم الطويل، وتختلط المراحل لديه ويضيع أكثر فأكثر.. وأنا أتمنى أن يستخدم العقلَ أيضاً عندما نشعر بشيء جَمِيل اتجاه شخصٍ ما، فالعقل رائعٌ أيضاً والتوازن والعدل مطلوبان في كل شيء.. اختصر العلاقة وفكِّر بالاثنين معاً لكي تنتج ثمرة رائعة لقلبك، وتؤهله لمن يستحق قلبك بجدارة...

الصمت..

هو عندما تموت كلُّ الحواسِ والأعضاء ويبقى الجسم مجرد أداة وآلة وليس أكثر.. وأيضاً عندما يعلم هذا الشَّخص جيداً أنه مهما تكلَّم فلا أحد يستطيع الإصغاء له، أو حتَّى الاهتمام، فيفضل الصمت على أي طاقة يخرجها...

بما أنها أصدق لغة هي لغة الصمت، لأنها رغم أنها صامتة إلا أنها تبوح بالكثير، ولَكِن لِمن يدركها بلمح البصر... بالرغم من أن حواسنا كلّها تعمل، إلا أن الصمتَ هو الأجمل لها.

في بعض الاوقات عندما تعمل بجهد كبير وتمييز ملحوظ، لا أحد يرى أو يشعر او حتَّى يتأثر بها.. وعندما تطفئها إلى حد العطل، ولا أمل من استعادتها لأي سبب كان، وتستبدلها بالصمت.. فأنت إذاً الآن مسموع ومرغوب ومعيرٌ للانتباه بشكل غريب وملاحظ.. ما هذا يا ترى! هل هذا جنون أم غباء! ولماذا.. لأنها أجمل وأصفى وأصدق لغة.. ويحتوي على الكثير من الكلام والبوح والمشاعر، وتكون فقط مسموعاً بهذا الصمت العالي والمؤثر جداً بمن حولنا، ولم يستطيعوا سماعنا أو تقديرنا... الكلام نصِف حقيقة الشَّخص ولَكِن الصمت حقيقته الكاملة... أنا أريد من كل شخص تعرض للإهمال أو التجاهل، أو الشَّخص الغير مرئي لفترة طويلة وفقد الحواس بسبب الخذلان المستمر لأمله المتجدد بهؤلاء الناس، وامتلكه الصمت تماماً... أن يستمر به وكأنه الجنة، بالرغم من أن هناك أشخاصاً عظيمين جداً لدرجة أنهم يحطمون كل درجة من درجات هذا الصمت بكلمة أو نظرة أو حتَّى وجود لهم لعدة ثوانٍ.. ولَكِنهم نادرون جداً وإذا وجدوا بحياتك لا تتخلى عنهم أبداً، وهم الوحيدون القادرون

على إلغاء هذا الصمت بدون أي جهد مضاعف... بفهمك بكل معايير الفهم الكامل الناضج الخالي من أي سوء فهم أو، أي أقل فهمٍ لمستوى فهمك...

معتقدات..

الحب شيء غير متوقع يحدث كالموت فجأة، وبلا إنذار أو أي تحذير.. وفي إحدى المرَّات أحدٌ ما سألني عَن هذا الشي قائلاً: "لماذا الحب يأتي فجأة؟"
أجبت بابتسامة ساخرة: لأنه مثل الموت يأتي فجأة وبلا سابق إنذار، وبكلا الحالتين أنتَ لا تستطيع تغيير حقيقة

هذا الحدث... نصبح عاجزين عَن تغيير هذا الغزو المقدر الذي من الصعب الهروب منه أو تغييره، وننتهي بالرضا التام له والاستسلام.

الحب ممكن أن يحدث في نظرة واحدة، أو في ثوانٍ معدودة وبسيطة، ورُبَّمَا لا ندركه منذ وقت ولادته، لأننا لمْ نفقد هذا الحب، أو بالأحرى لمْ يهاجمنا بتغييرٍ أو ظروفٍ مبهمةٍ.. أنا لا أقول إنه عندما فقدناه شعرنا به، لا.. هو فقط شعور لا يوجد إلا بموقف سلبي من هذا الشَّخص، أو تغيير مبهم، أو أيضاً إنه أحياناً لا ندرك أننا واقعون في الحب إلا بعد إشارات تأتي

بمواقف غريبة. كمثال بسيط، عندما نتحسَّس من هذا الشَّخص ونغضب من أي تصرف له حتَّى لو كان عادياً جداً، أو عندما نبكي لفقدانه حتَّى ولو لمجرد ساعات قليلة، عندما تولد الحساسية المفرِطة لهذا الشَّخص... يحدث كما في المثال... أي بمعنى الكثير من الحزن، يصحب الكثير من الحب...

الحب، هو الجنَّة والخُلدُ فيها، وأنك تشعر بالراحة والأمان مع من تحب... تكمِّل ما به من نقصان. الحب مشاعر خالدة بقلبك، ولا تتغير أبداً مهما بدر من هذا الشَّخص. الحبُّ هو حرصٌ على صنع سعادة هذا الشَّخص، وأيضاً لمس حقيقته لأنه بالنِّسبة لك كالحلم في بعض الأحيان...

الحب هو الإنصات إلى هذا الشَّخص بكل حواسِّك ومحاولة فهمه حتَّى لو لمْ تكن تفهم ما يقوله.

أجمل جزء في الحب هو جرعات الراحة والسعادة التي تحصل عليها عندما تقترب ممن تحب بكل وسائل التواصل.. أي بكلمة، أو بهمسة، أو حتَّى بوجود حضوره... أي شيء منه يؤثر بك بشكل إيجابي وكأنك تأخذ جرعات من الراحة كلَّما ظَهَر لك، وأيضاً يعطيك الكثير من الطاقة الرائعة للعيش لمدَّة طويلة من التفاؤل والأمل... أيوجد أجمل من هذا الشعور؟!

عندما تحب شخصاً لا يُحِبُّك..

أولاً شعور صعب، ولَكِن الأصعب أنك لا تفعل شيئاً، فينتابك الندم لاحقاً.. لهذا افعل كل جهدك، لتفعل كلَّ الفعل، لمشاعرك وشوقك وحبك لهذا الحبيب.. اعمل بكل جهد لإثبات أن مشاعرك حقيقة.. اجعله يرى حُبَّك ويشعر به.. لا تحكم عليه بسرعة أنه لا يستحق هذا الحب.. لا، رُبَّمَا هناك أسباب كثيرة أنت لا تعلمها، ومنها أن الحب ليس كلاماً بل فعلاً، رُبَّمَا هذا الحبيب مجروح لمْ يشفَ بعد واكتفى، لا يثق بك، قلبه صعب الوصول إليه، أنت لستَ نوعه أو الكثير من الأسباب التي نجهلها...

ما يجب عليك فعله..

لا تتكلم كثيراً وافعل كثيراً، وإذا كان من النوع الذي لا يشعر فاجعله يشعر.

أنت تحبه ومتأكد من هذا الحب، وتعلم أنه الشَّخص المنتظر، إذاً اصبر وتعلَّم كيف تصبر وتتحمَّل، حاول أن تحبه بوجودك بجانبه دائماً، ولا تقل "أُحِبك" كثيراً كي لا يشعر بالذنب ويبتعد.

ابحث به، وحاول أن ترى ما بداخله.. واصنع من نفسك كل الأشياء التي يحبها، ولا بأس في بعض التغييرات سواء كانت بالشَّخصية أو الجسدية...

اعلم أنه صعبٌ أن تغير من نفسك؛ لأنه احترام للذات ولا تريد أن تقلل من احترامك لذاتك، وأيضاً تريد أن تكون بطبيعتك، ولَكِن خذها بإيجابية وإبداعية أكثر، اصنع منه ومن حبه الأفضل منك...

الآن تشعر بتحسن أكثر اتجاه نفسك.. وبما أنه المنتظر، إذاً لا شيء مستحيل لأجله... أيضاً الصداقة مفتاح رائع للوصول إلى قلب من تحب، صاحبه وصادقه ومع الوقت سوف يكون لك كل شيء...

عند التعبير؛ حاول ألا تستخدم مصطلحات أو كلمات أو حتَّى سطوراً معروفة... كن خلَّاقاً بتعبيرك وأسلوبك... كن مميزاً لكي لا تنسى من الحبيب، ولا بأس إذا اخترعت لغة خاصَّةً بك، أو حتَّى كلمات غريبة... وكل هذا ليس صعباً إذا كنت تُحِبُّ بصدق، لأنه لا يوجد أعظم وأجمل من الكلام الصادق؛ فكيف لو كان حُبّاً؟!

ابتعد البعد التام عَن التصنُّع؛ لأنه واضح ومرئي جداً... كن فقط على طبيعتك.. إذا كنتَ كذلك فسوف تصِل للحبيب أكثر...

وآخر وأروع سطر أكتبه لهذا الحب الغريب، أو الذي يسميه الأغلبية "الحب من طرف واحد"... إذا فعلتَ كل ذلك ولم يستجب لك وشعرت بصِدقٍ أنه لا أمل... إذاً اكتفِ بحصولك على المشاعر الرائعة، والتي تأتي نادراً جداً في هذه الحياة، اكتفِ بها لأنها الجنة، واحرص أن تحصل عليها بقربه حتَّى لو اتخذته فقط صديقاً.. أنا أقول: "صديقٌ أبديٌّ ولا حبٌّ منسي".. أو تمنى له السعادة من بعيد بقلبٍ راضٍ نقي..

من يحبك يشعر بك دائماً..

معتَقَد لا يفهمه الجميع بالرغم من أنه حقيقي، اشتقت لشخص ولا أستطيع الوصول إليه، صديق أو عزيز قديم. أنت تشعر بالشوق، وتراه من ناحية أخرى يشعر بفقدانك.. وأيضاً يبحث عنك.. رُبَّمَا الظروف لمْ تساعد أيّاً منكما للوصول إلى الآخر، ومع الوقت تجد نفسك معه أو هو معك... وتكتشف أنه شعر بكَ وشعرت به، ويحدث هذا الأمر دائماً، ولَكِن ليس لكل البشر.. رُبَّمَا بعضهم، أو الذين يؤمنون بهذا القول.

في العشق والحب والصداقة؛ عندما تشعر بضيق مفاجئ ولا سبب له، ولَكِن ليس الضيق العادي اللا مميت أو اللا خانق.. لا! أنا أقصد الضيق الخانق والغير منقطع، أي أنه كالحلم المتكرر... في هذه الحالة تشعر أن هناك شيئاً خطأ.. تشعر بأنك تتألم وأنت لا تتألم بذات الوقت.. المفهوم هو أنك تصاحب شعوراً ليس جيداً! الأسباب: هناك أحد يحتاج إليك ويناديك ولَكِن لا تسمع نداءه... هناك من يبكي بصمت لفقدانك أو التفكير بك، هناك من غرق بهموم الدنيا ويطلب المناجاة من أي عابر سبيل، وأنت شعرت به فقط لأنك أقرب شخص إليه وتحبه كثيراً... وأيضاً وخاصة الذين يأتون إليك بالحلم بشكل مفاجئ: فهم على الأغلب بأمس الحاجة إليك... والشيء العجيب في هذا القول العظيم أنه بعض الأشخاص يحدث لهم ضرر جسدي، أو يكونون معرضين للموت، وهذا حدث معي أكثر من مرة؛ لهذا أخاف كثيراً من هذا الشعور، مع أنني أميز جداً الشعور بالضيق بلا سبب.. أي الغير خانق، أي أنه لا يوجد سبب حقيقي، والشعور بالضيق بلا سبب أيضاً ولَكِن الخانق.. أي إنه يوجد أي سبب مما ذكرت...

أشواق خامدة

تفكير صامت، وأفكر بك بصمت، أسبق أحلامي لأطير لعيش أجمل حالاتي باستجابة أسهو بها بعمق، أهمس بتهليله بعين شوق تفوق كل المعايير.. أرتدي كل أنواع الحنين، طاقتي تذهب بك، وتقودني فقط إليك بلا مبرر، أو حتَّى تفسير.

أغني بصوت خافت، بينما قلبي لا يكف عَن الضجيج لمصاحبتك، أسقط ببطء، برفق.. بهوس الليل بالقمر المنير.. أمتلئ بالتفكير الصامت، وأشواقي الخامدة والتي ليست خامدة، عاطفتي تشقيني بلا وجهٍ وبلا تحذير.

لا تنظر إليّ فأنا مخفية.. من قبلك منسية.. مهجورة وأشواقي على قيد الحياة ولَكِن بلا هوية، اكتفائي بشيء منك بعد كل حلم.. تأمَّل.. هذيان، هو لقلبي أجمل المقادير..

مفاجآت القدر والقلب بزوايا يصعب علينا أغلب الأوقات تسليط الضوء عليها.. كيف ننظر إليها أو ندركها، بمصادفات،

مواقف، أشخاص متكررون، أي تجد شخصيات متشابهة تحيي ذكريات كانت منسيةً وخامدة، أفراح بنقاط ذكرى، أو أحزان بنقاط صدمة، أو حزن ذو عقدة صعبٌ فكها. أجواء معادة، صيغ عبارات أو جمل متعلقة بأشخاص، وأشياء كثيره تعيش من بعد موت طويل، وانخماد بلا أمل، فقط مظلم ومتروك، أشواق تداعبنا بأوامر القدر، والشعور والخوف عند مواجهة البعض.. لأننا دوماً أردنا الهروب والهجر وعدم البوح بها، والرجوع إليها وكل ذلك متعلق بأسباب معذورة وملموسة وحسية؛ أن نتعمد إعماء أشواق قلوبنا وممارسة تهليلات لتهدئتها، وإخمادها بنوم عميق، لا نتضرر بتذكرها لوهلة أحياناً؛ لأن أساسها خامد ومعمي تماماً لجلب انتباه عاطفتنا وما نمتلك من شوق كبير، أسرار في كل قلب متصل بشوق خامد لذكرى أو حدث معين لا يعلم بها إلا صاحب هذا الشوق، ونهاية هذا العنوان "تفكير صامت..."

ملاحظات خاطفة

المدبر هو الله، وأنت فقط مسؤول عَن عقلك، وكلما زاد ذكاء عقلك كلما زادت مسؤوليتك اتجاهه.

الصمت جَميل، ولا يتقن لغته إلا كل مخلص.. وعمر القلب يكون أطول معيشة من العقل، ولَكِن العقل كالـ (أسبيرين).. يخفف الألم.

النهايات السعيدة لا تكون نهايات بل العكس هي البدايات وتكون نهايتها رماد. الابتسامة الحقيقة والقابلة للقراءة هي ليست ابتسامة الشفاه بل ابتسامة العين.

لا تجعل ألم عقدة معينة يسرق منك ذاتك ومن تحب لا تنتصر على الفشل بالفشل.

لا تتفوه بكلمات قاسية ومحبطة مع من هم في أشد الحاجة للأمل والتفاؤل.

نتبادل الأدوار أحياناً كبشر متشابهين بالقلوب، لا تأخذ دوراً متعمداً لغيرك.. فقط انتظر دورك.

بكل التفاصيل وأدقها وأصغر مسماها، قدر وعبر.. الاعتراف بالحب هو تصريح بالزواج ليس فقط حباً.

لا تقسُ على نفسك، ولا تظلمها بالعيش بالماضي المنتهي. أسوأ العلاقات تلك هي المبنية على الكذب، ومساعدها الوهم.

لا تستخدم حاسة واحدة للحكم على شخصٍ ما، استخدم جميع حواسك.. ليست كل الأشياء كما تبدو غالباً، وليس كل البشر أيضاً، هناك عمق لكل منهما.

مجموعة من النَّاس تسبب لنا الألم..

من الممكن أن يكون شيئاً صغيراً، بسيطاً وغيرَ مُدرِكٍ تماماً، وأيضاً غير حقيقي. المحيطون بنا من النَّاس والأصدقاء والأقل من ذلك.. أي كل من تجتمع به وخاصة المحيط بك دائماً.. النَّاس دائماً ملتصقون بحياتك، حتَّى لو لمْ ترد منهم البقاء، أو مللت من وجودهم، أو حتَّى أصبحت لا تثق بهم؛ فهم دائماً موجودون.. لهذا هم عناصر ممكن أن تكون سلبية، وممكن أن تكون إيجابية.. وكالعادة، والأغلب أنهم سلبيون، وسلبيتهم هذه تؤثر عليك حتَّى لو كانت ضئيلة جداً...

أمثلة: عندما يكون لديك موهبة بشيء ما.. عندما تمارسها لا تجد منهم الحافز والدعم المطلوب، ودائماً يحاولون إحباطك بكل الطرق، وهذا شيء مؤلم جداً؛ لأن الموهبة تحتاج إلى الدعم من قبل أشخاص يؤمنون بك، ودائماً يصنعون منك الأفضل...

مثال آخر: أنت عاجزٌ عَن فعل شيء ما. شيء في الدراسة أو العمل، أو حتَّى الحب والعلاقات بشكل عام... وعندما تتحدث عَن هذا العجز.. لأحد ما بغرض طلب النصح والمساعدة... للأسف لا تجد إلا كلمات سلبية ممكن أن تجعل منك الأسوأ، وتجعل منك ضحية للاستسلام ورُبَّمَا الموت من الداخل... لا تجد أحداً معك، ولا تتأمل خيراً من أحد، ورُبَّمَا تتساءل: (لماذا هم هكذا؟!)، هم فقط معاقون فكرياً ورُبَّمَا جسدياً أيضاً، ولَكِن غالبنا في مجتمعنا، الإعاقة الجسدية لا تظهر عليه إلا مخفية بين أربع زوايا...

من هذا كلّه الشَّخص يتألم، والألم يولد العجز الحقيقي له.. هناك أمثلة كثيرة جداً، كشخص لا يستطيع التعامل مع فتاة، أو شخص ضاع ولا يستطيع الاستقرار، أو شخص مات من الداخل ولم يجد من يحييه بصدق وأمان، كشخص لا يستطيع أن يتنفس معنى الإخلاص، وأهم الأشخاص هم

الأشخاص العظيمون وذوو القيمة الرائعة، ولَكِنهم لا يعرفون معنى أهميتهم وعظمتهم بسبب النَّاس السلبيين المحيطين بهم...

لاحظت كثيراً انتشار الوهم بين البشر، ولَكِن لاحظت أيضاً أن هناك نوعاً من البشر يستخدمونه مع السلبية ليؤثروا على النَّاس بشتى الطرق للأسف... أكبر خطر هو الوهم مع السلبية! هل يوجد مدمر أكثر من ذلك...؟ أحياناً تكون في حالة أنك تتحدث عَن شخص معين كثيراً، وأنت تتحدث لإعجابك به فقط أو لغرابته.. حديثاً عادياً جداً، وترى البعض من المحيطين بك يعلقون على ما يسمعونه منك، أو حتَّى تصرف بابتسامة لذكر هذا الشَّخص... أو يا إلهي أنت واقع بحبه! أو أنت متيم به جداً! ومن هذه التعليقات التي هي مجرد تخمينات ليس أكثر. أي أنه صحيح من يتحدث عَن شخص كثيراً هو واقع بحبه، ولَكِن ليس دائماً، وتعتمد على طريقة تحدثه وإلقائه عَن هذا الشَّخص.. ولَكِن ليس دائماً يكون حباً... المفهوم هنا أنك تقتل الشَّخص بتخميناتك العظيمة، التي على الأغلب ليست صحيحة.. عندما تقول له "أنت تتحدث عنه إذاً أنت تحبه.."، هنا تحدث كارثة للأسف الكثير من النَّاس يجهلها... بقولك هذا أنت تقتله، ورُبَّمَا تجعله يدفع ثمن مشاعر هي بالأساس ليست حقيقية.. بقولك هذا تجعله يدرك ويتوهم أنه فعلاً واقع

بالحب، وهو ليس كذلك. بالنهاية هو مجرد وهم، ولَكِن بكلامك أثَّرت عليه، وأكدت له أنه يحب، وجَمَعت كل طاقته وانتباهه لهذا الشَّخص الذي يتحدث عنه... وأنا أنصح الكثير من النَّاس ألا يعلق أو يخمن أو حتَّى يتصرف بهذه الطريقة لأن عواقبها بشعة جداً، وأنا أعرف كثيراً من الضحايا هكذا.. فقط بمجرد وجود ذرة وهم أمسكوا بها وانزلقوا إليها، من يحب يعرف من يحب، ويعرف ماذا يريد من هذا الحب؛ فلا تؤثروا بأشياء ليست موجودة.. احذروا.

أيضاً نفس الطريقة لذم أو بغض أحد، ويأتي شخص من المحيطين بمقولةٍ أو مجرد تخمين، ويقول: "يا إلهي، أنت تكره أو تحقد على فلان، وأنت وأنت وأنت... ونفس النتيجة تحدث لهذه الضحية... كل صفة تطلقها على كلام أو فعل من شخص وهو شخصياً لمْ يعترف بها.. تجعله يمتلكها وهو في الأساس لمْ يمتلكها وليست حقيقة... أكثر هذا الشيء منتشر في الحب والعلاقات وهكذا، فاحذروا، لأنه أكثر شيء يحيي ويميت بنفس الوقت.

دائماً أرى صديقاتٍ يتبادلن الأحاديث، واحدة تتحدث عَن شخص، وتخبرها الأخرى بمقولة: "أنتِ تريدين القرب منه أكثر، أو رُبَّمَا هو النوع المفضل لديكِ". ومن زاوية أخرى صديقة

تحدث صديقتها عَن موقف بدر من شاب تعرفه.. والأخرى تتحدث عَن صديقة بموقف معين، أو تحكم عليها بأشياء ليست موجودة من الأساس، تجعل المستمع يصدق ويقتنع بأفعال هؤلاء الناس، وهي أساساً ليست حقيقية.

أشياء كثيرة وأنا أتكلم عَن بعض الأشخاص الذين يسببون لنا الألم، والاعتقاد الخاطئ، والأوهام، والاشياء الغير محددة الكثيرة...

وأنا أنصح بعدم التأثر والاستماع لهذا النوع من البشر، وفي نهاية كل موقف وأمر وحكاية ومشاعر، أنت فقط من يحكم ويحدد، وأنت الذي تشعر ليس هم... وحتى في أمور العاطفة لا تجعلهم يقولون أشياء لك ليست موجودة، وأيضاً حتّى لو أنت رأيت شيئاً بشخصٍ، لا تقل له أنت تحب أو أن فلاناً لا يحبك أو يكرهك أو حتّى يحقد عليك... كلنا لديه طاقة وتساؤلات، فلا تجعلوا تركيزهم وطاقتهم وتساؤلاتهم لأشياء ليست حقيقية...

التكنولوجيا والحب

الحب والحب والحب... نجده في كل مَكَان وفي أي زمان أيضاً.. شيء نعيش لأجله، ونعيش به، وهو أجمل وأقوى رابط للقلوب...

تطورت الحياة والنَّاس أيضاً لدرجة أنه أصبح كلاهما متشابهين، أي المعني هو: التكنولوجيا والناس، أو التكنولوجيا والحب وما إلى ذلك... أصبح الحب كطلب وجبة معينة في أي وقت تريد... يعنِي مثلاً: هنا شاب أراد أن يحب... يذهب إلى عالم التكنولوجيا الذي لا يوجد به مستحيل، وهو عالم كبير جداً. كم هي كثيرة مواقع التواصل الاجتماعي، وأيضاً أصبحت قريبة لنا أكثر؛ لأنها في يدنا أغلب الأوقات...

ذهب هذا الشاب إلى العالم الذي لا يوجد به مستحيل .. حصل على مراده، وحدث الحب الشائع في كتابي، وهو الحب الوهمي أو الإجباري أو الاحتياجي أو الفارغ... كثير من المسميات التي ليست لها معنى! عزيزي ويا عزيزتي هذا ليس حباً!

مثال آخر: ذهبت فتاة إلى نفس العالم، وأرادت الحب أيضاً... وحصلت عليه! وماذا بعد ذلك... الاثنان طلبا وجبة وحصلا عليها بلا منطق وبلا مشاعر، أي كالتكنولوجيا؛ فقط أوامر وضغط أزرار معينة للحصول على الهدف...

العيب ليس بالحب وكم مقدار إرادتك له! بالطَّبع لا، ولَكِن إذا أردت أن تحب؛ فاحرص على أن الحب يريدك هو أيضاً، وأحسن الاختيار للشخص المناسب؛ لكي لا تنتمي روحك إلى الأرواح الضائعة...

سمعت من بعض الفتيات أن التكنولوجيا مشكلة لديهن؛ لأنها تجعل الشَّخص يبحث دائماً عَن الجديد والمتنوع أكثر والسهل، وأحدث تطورات العالم، وأنا تعجبت؛ لماذا هذه مشكلة لديكم؟ بالعكس، إنه شيء رائع... قالوا ليس كذلك؛ لأن البعض من الرجال يريد كل ما ذكر، من جديد ومتنوع وسهل، ولَكِن من النساء! وبالطَّبع أتيحت لهم الفرصة لذلك وبشتى وأسهل الطرق، وأن الرَّجل الآن له القدرة على اتخاذ صديقة لكل نوع تواصل اجتماعي، وأيضاً سوف يبدع بالخيانة وهكذا... لهذا أردت أن أوضح هذه النقطة...

وأنا لست ضد الرجال، ولست أيضاً ضد النساء، ولَكِن في النهاية كل منهما.. من يخون فهو يخون نفسه، ومن يكذب فهو

يكذب على نفسه. وكل مرة تخطئ بحق نفسك فأنت تخسرها وتجعلها دونية، لذلك لا تجعل مَكَاناً لكل تلك الصفات فيك، وكن صادقاً مع نفسك قبل أن تصدُق مع الآخرين. أي أنه شيء شخصي وعابر ومؤقت، وعائد في النهاية على الشَّخص نفسه، فلا داعي للقلق يا معشر النساء ويا معشر الرجال، فالخطأ واقع من الجنسيين.

لا تجعل المشاعر والقلب والعاطفة تكنولوجيا.. ولا تذهب للتكنولوجيا للرغبة بالحب... أي لا تجعل الحب مشوهاً بطرق عقيمة كوجبة دسمة لرغبتك الأنانية؛ بعد تناولها وسهولة الحصول عليها تشعر أنها بلا قيمة... وهكذا مع الحب.. أنت تريده، ولَكِنه ليس حباً، مع أنه من الممكن أن يوجد الحب في التكنولوجيا، ولَكِنه نادر جداً، أي كمعجزة من الإله.. حقيقة الحب اللا متغيرة أنه من الممكن أن يُولد في كل مَكَان وزمان وبلا أي إدراك أو إنذار.

لا تنجرف بعيداً لغرض الحب.. انتظر واصبر وتمعن جيداً بكل ما هو حولك، سترى نفسك في كل لحظة تتعلم شيئاً.

أصدق الحب هو الذي يأتي فجأة وبلا توقع، وأيضاً الحب من أول نظرة... أيضاً إذا شعرت بشعور لمْ تشعر به من قبل وهذا الشعور صعب الوصف، لأنك وحدك من يشعر به.. انتبه

أن يكون شعوراً مكرراً أو عادياً أو حتَّى مألوفاً مع هذا الشَّخص.. وأيضاً الحب هو عندما تشعر بالسعادة والراحة التامة كلما اقتربت من هذا الشَّخص، والأهم أيضاً الشعور بالأمان..

آثار الجروح والكدمات بعد أي علاقة فاشلة.. عالِجها جيداً بتأهيلها للحب من جديد، ولَكِن ليس فوراً بعد الانتهاء من العلاقة. اشفِ نفسك من هذه الجروح والكدمات وحاول أن تصفح عَن من فعل بك ذلك؛ لكي تستطيع الخروج منه بلا رجوع وبلا آثار أو كدمات.. اشفِ نفسك وهيِّئها بعد التأهيل لشيء أجمل، وحب أعظم، وأمل أكبر، وإن لقلبك القدرة على الحب والعطاء والعيش أكثر من مرة.. ذكرت هذا لكي أوضح ألا تجعلوا كل من الآثار والكدمات موتاً لمشاعركم وقلوبك لكي لا تتشابهوا مع الآلات والتكنولوجيا، وهنا يصبح لا فرق لدى كليكما...

ملاحظة صغيرة..

مع تعدد مواقع التواصل الاجتماعي وخاصة تلك التي تتمتع بالخصوصية ولا تكون في العلن، يجب النظر إلى قلب الحبيب من كل زوايا التكنولوجيا للحفاظ عليه، ويا ترى في أي فئة أنت من كل هذه الزوايا! الخيار يعود لك أنت فقط.

أيضاً، متعة التكنولوجيا مؤقتة، أعيش اللحظة وأمشي وأنا راضية بقدري... وأرى الفارس المنتظر آتياً من بعيد ويستسلم له نظري. جماله يفوق الخيال ويسحقه، مبهم من داخله وليس بمبهم خارجه، ورُبَّمَا هذا عذري. كلما اقترب يزداد وسامة وأنا أزداد سذاجة وأبتلع حذري.

أسمعه بكل حركة وكل عبارة يقولها.. أتأمل سحر عمقه وأقع بحبه وكأنه هو الذي أنتظره منذ كل مرة أبدأ فيها سفري.. في كل مرة يصبح الجدال صديقنا، وتزداد الفجوة بيننا، أكتب قوانين لقلبي وضرري.

أخسر كل هذا فقط بحضوره.. وأرفع الراية البيضاء لقدري. اقتربت منه لأتأكد أنه حقيقة جَميلة وليست قصة خرافية طويلة.. وكلما اقتربت احترقت، ويبدوا لي أنه كلما طال وقتي لألمسه.. ضاع عمري.

وبعد كل هذا الوقت ذهب الأمل وبدأ البكاء والعناء، وبدأت ولادة الألم.. وعنوانها الخذلان.. كان هو أكسجيني، وبكيت بكيت حتَّى أفقدني بصري...

دائماً الروح غذاؤها المشاعر الإيجابية التي تتلقاها، من البعض.. لحظة واحدة من تلقي هذه المشاعر لها القدرة في تغيير يوم سيء.. أو جرح مازال ينزف. شخص يفتقد أحداً ما ولا

يستطيع نسيانه... شخص يعاني من النقص فقط لأنه يعاني من مرض ما... شخص وحيد دائماً... أو حتَّى شخص لا يؤمن بوجود الأشخاص في حياته... ولكل منا عقدة معينة.. بعضهم يتغلب عليها والبعض الآخر، هيا تتغلب عليه.

عندما نقع بالحب نشعر بالسعادة كثيراً، وفجأة يكبر الخيال وينبض يومياً بأشياء. بمعجزة الحب نعتقد ونؤمن أنه من الممكن الوصول إليها... وهنا يبدأ التلقي للمشاعر من الشَّخص الذي نحبه، ونستجيب له بلا إدراك، تلقي المشاعر الإيجابية التي تمنحنا الكثير من السعادة والراحة والجرعات الملونة الغنية بالراحة شيء جداً جَمِيل، ولَكِن الأجمل ألا نقول كلّها تتحول إلى فعل تام، لا بل نقول إن الأجمل أنَّ بعضها يتحول إلى فعل تام لكي نشعر بالأمان والدفء اتجاه هذا الشَّخص.. بالرغم من أنه لابد من الحذر من الأشخاص الذين لديهم موهبة التمثيل، مع الإقناع للوصول إلى هدف معين... وها أنت تخوض هذه العلاقة، وكل يوم نوع جديد من السعادة. وفي منتصف الطريق تبدأ تتلقى منه هذه المشاعر بالبخل، أو بالأحرى بطريقة حبه لك، ويوماً بعد يوم يزيد هذا البخل بالمشاعر التي أدمن عليها قلبك، والتي اعتادت عليها روحك. في هذه المرحلة يجب، أو على الأغلب أن تشعر بأشياء داخلك، كأنه

إحساس لا يتوقف عَن الكلام، ويخبرك بأمور قلبك لا يريد سماعها، وكأنه خائف جداً ولا يريد مواجهة الحقيقة المرة... إذا شعرت بذلك لا تتجاهل هذا الصراخ حتَّى لو كان خافتاً؛ لأنه حقيقي جداً.. حاول أن تسبقه قبل حدوث الحدث الدرامي بالعلاقة التي تخوضها.. التوقف عَن العطاء من قبل شخص.. شيء ليس جيداً أبداً حتَّى لو كان بدرجات معينة، وبالطَّبع أسبابه كثيرة، يوجد منها المنطقي، ويوجد منها الغير منطقي، وأيضاً يوجد اللا سبب، وهذا هو الجزء المميت والأصعب. وبكل النتائج عليك عدم الهروب بل المواجهة...

بعد كل هذا البخل يبدأ التوقف وعدم العطاء، وتبدأ جولات الجدال الغير مفهوم من الطرفين... والضحية هو الطرف الذي لمْ يتغير، ولم يتوقف عَن العطاء، والمخلص لحبه ومشاعره. يبدأ الجدال والعتاب مرة تلو الأخرى؛ حتَّى يأتي اليوم الذي يتكلم ويحاول فيه شخص واحد فقط وهو الضحية... ينام القلب مؤقتاً، ويصحو العقل مؤقتاً وكأنها حرب ونهايتها انتصار القلب لأنه تلقى الكثير من المشاعر الإيجابية والحب... ويبدأ البكاء والأنين والصراع المستمر بين القلب والعقل... ويشاركهما كل كلمة وكل تأثير لهذه الكلمة، وكل حدث وما

صاحبه من تأثير أيضاً، وأيضاً الذكريات، ورُبَّمَا الزمن هو مجرد تاريخ لإعادتها...

النهاية الآن بلا سبب تغير هذا الشَّخص... تحدثت عَن هذه الحالة لأنها الأصعب والأكثر وجوداً مؤخراً...

عندما لا يوجد سبب عند الضحية لهذه العلاقة يتعرض لصدمة شديدة جداً، بالرغم من أنه يعرف تماماً أن شريكه لا يستحق قلبه، عندما أدار له ظهره بلا مبالاة، أو حتَّى اهتمام.. من الداخل يشعر أنه يجب أن يقتنع لكي يستطيع الوقوف مرة أخرى والمضي قدماً بدون النظر إلى الوراء... البعض منا إذ لمْ يقتنع يعجز قلبه عَن النسيان، وعن تجاوز هذه المشاعر.. المشاعر تحدث هنا على أنها إيجابية، ببساطة لأنها مشاعر حب كانت متبادلة، ولَكِن بعد هذا التغيير الذي بلا سبب، بدأت تصبح سلبية لدرجة أنها من الصعب تجاوزها بمعنى الحب هيناً وجَمِيلاً وخفيفاً على القلب، ومهما تلقينا من مشاعر سنظل نحب لآخر يوم من حياتنا، أيضاً مهما بدر من الحبيب من تصرفات ليست جيدة بمستوى المشاكل العاطفية وأمور الحب المعتادة والتي ليست متعدية للحدود، كالخيانة مثلاً... حبنا لهذا الحبيب لا يتغير، ورُبَّمَا نحبه بكل عيوبه وبكل موقف تمر به العلاقة، وبكل مشكلة نهايتها الحل للشَّريكين...

الحب بكل ظروفه باقٍ، وهين على الشَّخص، ولَكِن يكون من المستحيل تجاوزه بهذا الحدث الذي هو.. التغيير والذي يكون بلا سبب. بالنِّسبة للضحية فهو لا يرى أي سبب، ولم يتلقَ من الحبيب أي سبب، ولَكِن المؤسف هو أنه شريكه، رُبَّمَا لديه ليس سبب واحد؛ بل أسباب كثيرة.

أهم ما في هذا الحدث أن الحب جَميل وإيجابي، وإذا لمْ تكن نهايته التغيير الذي تحدثنا عنه؛ يكون من السهل تجاوزه بالعيش في إيجابيته أكثر، وهذه الإيجابية تشفي الجروح أكثر مع كل يوم يمر بدون هذا الحبيب، من السهل جداً تجاوزه صحيح أنه توجد معاناة وفقدان ولَكِن بشكل أقل، لأن الشَّخص يعرف الأسباب ومقتنع بها، وهو فقط ممتن للأوقات الجَميلة والمشاعر الجَميلة التي عاشها مع الحبيب، وأيضاً بسببها يستطيع تجاوز الفراق أو الأزمة...

لَكِن عندما نتحدث عَن الحب الذي يصاحبه خذلان ويكون هذا الخذلان عدم وجود الأسباب لهذا التغيير المفاجئ، يصبح القلب باكياً، والمشاعر دائماً متسائلة عما عاشته، هل هو حقيقي أم لا، وتبدأ الروح بالشك حتَّى بذاتها، إلى أن تتبعثر وتضيع.. ويصبح تماسكها مستحيلاً والقلب يكون هشاً جداً، ومكسوراً ولا يتوقف عَن البكاء الصامت... هذا القلب لا يعرف

شيئاً.. لا يمتلك أسباباً لهذا الانفصال، ولا يمتلك إدراكاً أو حتَّى قناعة..

أضاع الترجمة لمشاعر قلبه، وأصبحت روحه ضعيفة... بعد بكاء القلب تموت كل هذه المشاعر، ويولد شعور قاسٍ جداً وهو الخذلان، الحديث الجَميل الذي كان بين قلبين، والوعود، وحتى الحديث الصامت والسعادة والشغف... أين كل ذلك! كلّه ذبل وذهب بعيداً بعنوان الخذلان...

الشفاء من هذا التغيير..

تركه للقدر؛ لأنه أعظم نعمة نتركها للقدر هي القدر نفسه، وأعظم نعمة تتركها للقدر هي التسامح أيضاً، عندما تشفى كّل هذه الجروح في الوقت المناسب.. بالرغم من كل هذا الضرر والشتات والكسر، إلا أننا نعرف بداخلنا أننا نستحق الأفضل، وفي كل الانحناءات خيرة لنا تقودنا إلى الأفضل...

شخصيات عابرة

يقولون مالا يفعلون، وبالحب هم يؤمنون، عجب على قوم بالغرام هم يجهلون.

أهوى وتهوى ولقلبك وقلبي أنا أصون، لا تقل شيئاً لا تعنيه وتخذل، من بعد أن كنت لمشاعري تسقيه، فإذا لمْ يكن العشق مجنوناً؛ فأنت لمستقبلي لا تكون.

يبدأ غزوهم كالعابرين الذين لا يفهمون شيئاً، وبالإيمان والحسن يوقنون. سلاحهم المبدئي الاهتمام والكلام الكثير، والجهد وصنع من اللا شيء شيئاً، وهم شيء مختلف جداً فهم عَن حقيقتهم لا يتفوهون.

في كل يوم شخصية ودور شيق ما بين المنظور والغي، أحبك وتحبني، ومعاً لطريق واحد متجهون.

ينهزمون من الحياة، وعلينا يحيون، يطاردون ما يحملون من نقص، وبالضحايا هم يعوضون.

أنصت له وينصت لي، أستجيب له ولا يستجيب لي، والفرق بيننا، أنهم في قلوبنا وأعيننا موجودون، ونحن لهم لسنا بموجودين.

لنبض قلبي أساسي، أولوي، وعندما أفتح عينيَّ هو باطنها والجفون.. لحظة ابتعاده كل شيء يصبح غير موزون، مع كل مرة أفتقده أعرف أنه ما بين "يكون أولا يكون"..

ما أجمل العابرين، وما أجمل عبورهم المفاجئ الذي يكون أحياناً بارداً كنسيم الصباح، وتارة يكون مؤلماً وقاضياً لكل روح كانت رائعة ومبتسمة، ودوماً متفائلة...

نجدهم في كل مَكَان وزمان.. أعمارهم قصيرة ومتفاوتة، وتأثيرهم غالباً ما يكون على حسب أعمارهم، منها الدقائق ومنها اللحظات، ومنها الأيام، ومنها رُبَّمَا ما ينقضي إلى آخر العمر من شِدّة التأثير...

رجل يمشي على الطريق لأنه أراد أن يقضي حاجة له، فهو لا يكتمل يومه بدون هذه الحاجة، وبينما هو يمشي شاهد متسولاً يبحث عَن أي شيء ذي قيمة.. تأثر الرَّجل صاحب الحاجة به، وأعاره بعض الاهتمام، وساعده، فشكره المتسول بشدة وكأنه أحيا روحه من جديد...

ذهب المتسول بينما الرَّجل ذو الحاجة حدَّق متأملاً ومقارناً حياته بحياة هذا المتسول، وبعد هذا اليوم ماذا كانت نتيجة التأثير! أصبح الرَّجل ذو الحاجة عاشقاً للتسكع فقط، لأنه يريد أن يساعد هؤلاء الناس، وبنظره أنه من العدل أن أتقاسم ما أملكه بيني وبينهم... نتيجة التأثير كانت مجدية مع هذا المتسول العابر...

فتاة انفصلت عَن حبيبها.. لمْ يعاملها بشكل جيد، وبنهاية المطاف كسر قلبها.. وانتهت القصة بالفراق اللا مفر منه... كل ليلة ماطرة بالنِّسبة لها، وكل ليلة عواصف هذه الأمطار تزداد بلا رحمة.

وذات يوم، وبينما هي تمارس يومها المعتاد، صادفت شاباً رائعاً يحب الحياة. تعجبت الفتاة من شدة سعادته والحياة ليست جيدة تماماً لأغلب البشر، ونادراً ما تسعد شخصاً لهذه الدرجة... أصابها الفضول للتقرب إليه وسلب البعض من طرق سعادته... وبالفعل تقربت منه، وكان كل يوم أجمل من الذي قبل.. أصبح هذا الشاب مصدر السعادة لقلبها بعد ما عانته من حزن... أصبح أيضاً أملها الوحيد؛ لأنها لا تريد الرجوع إلى ما كانت تنتمي إليه من ليالٍ ممطرة... امتلكها الخوف الدائم... كان هذا الشاب شيئاً جيداً بالنِّسبة لها، ومع مرور الوقت تعلمت

منه الكثير، وكان دائماً يخبرها أنه ضيع الكثير من الوقت بالحزن وامتلاك مشاعر لا يعاني منها إلا هو وحده، وكأن قدره الوحيد هو المتفرج، وأيضاً بلا جدوى، وكان يخبرها أشياء منطقية لأن نعيش من أجلها، وأبداً ألا نحزن على من تركنا بلا لهفة، والخوف من الخسارة وعدم تكرار لحظة اللقاء مرة أخرى... وكأن هذا الشاب هو المنقذ لحياتها.

عاش بحياتها شهوراً معدودة، وذهب بوداع جيد... لَكِن ترك لها أجمل تأثيرٍ إيجابي، وأجمل جرعات للعيش أكثر وأكثر في الحياة... تعلمت وتأثرت وأخيراً روحها لمْ تعد أسيرة ذلك الانفصال... بل هي تغلبت عليه وتركته للوقت الذي حدث فيه، وأصبحت تماماً مثل ذلك الشاب...

ومن العابرين الغير مرغوبين، الذين أكثرهم من يمتلك الشَّخصيات الكثيرة في شخصية واحدة، وأيضاً منهم من تجده متناقضاً، وكل تناقض بدرجاتٍ متفاوتة، منها الجيد ومنها المعتدل ومنها الغير جيد أبداً، والبعد عنه هو الأفضل...

في الصداقة: أنا الصديقة الرائعة المثالية، وعندما تكونين بوقت عصيب أنا أول شخص يكون معك، وأنا.. وأنا... وبالفعل ترى هذا النوع من الأصدقاء يبالي أحياناً، وغالباً وكأنه لا يعرفك، وممكن أن يتجاهلك، وكأنه لمْ يرك ويحب مشاركتك بوقت

الفرح أكثر من الحزن والمتغيرات، فيه كثير، والبعد عنه أكثر نفعاً من وجوده...

في الحياة العاطفية..

يوم أنت كل شيء، وبعدها بيومين أنت لا شيء... مرات أنت في الأولوية، ومرات أنت آخر شيء في قائمة اليوم...

مرات يستمع إليك، ومرات لا تعيره أي انتباه ولا يستمع حتى... مرات يسعدك ومرات يحزنك... للوصول إلى قلبك يمتلك الشيفرة التي لا يمتلكها غيره، ويحتال عليك إلى أن يغير مزاجك وينسيك انزعاجك منه، وهكذا دائماً فهو المنتصر، وأنت العاشق المنعمي تماماً...

يشدك إليه براعته واندفاعه ببعض الأمور، وأيضاً شغفه الغير قابل للتوقف، خاصة ببداية العلاقة... لَكِن لو لاحظت التناقض من البداية، إذاً حاول ألا تتجاهل حقيقة أن هذا النوع من الأشخاص المتغير كثيراً، والذي صَعُب التعايش معه وتحمله... يتغير كثيراً، ومع كل مرة من التغير ترى شخصاً مختلفاً، وأحياناً كل الاختلاف يكون جذّاباً لقلبك أكثر؛ لأن البعض منا يحب الاختلاف والغرابة أكثر من الشيء المعتاد، أو بالأحرى الشَّخص المعتاد والمألوف... بالرغم من كل هذا، ومع كل

درجات التناقض الموجودة بهذا الشَّخص، يجب عدم تجاهل حقيقة معنى التناقض به.

العابرون المتناقضون أغلبهم لا يكونون جيدين، إذا أدركت أن استمتاعك به والسعادة التي يجلبها هذا الشَّخص الكثير التغيير مؤقتة، وأن الاستمتاع فقط مرتبط بتغيرات هذا الشَّخص.. تتساءل كثيراً: هل هذا تناقض طبيعي! هل هو شخص مريض! هل يملك تاريخاً عائلياً سيئاً! هل هو شخص غير متزن! هل هو يفتقد الثقة بالنفس! هل هذا من شدة ذكائه! هل هذه طبيعته! هل هو شخص متصنع؟! كل هذا وأكثر... أسباب ممكنة، ونوعاً ما منطقية لهذه الشَّخصية الصعبة...

كل شيء جَمِيل في التناقض غالباً، فهو ممتع وخاطف للانتباه، ولَكِن هل بالمشاعر أيضاً... لا بالطَّبع.. المشاعر والحب لابد أن يكونا خاليين من التناقض، وخالصين من أي شك اتجاه من نحب، الأمر الخطير هنا أن هذه الشَّخصية بالحب قابلة للتغير أيضاً، حتَّى بالمشاعر... الأسباب كثيرة والبعض منها مما ذكرنا، ولَكِن الأغرب منها والحقيقي بلا شك أن هذه الشَّخصية تحب أن تعيش اللحظة، سواء كانت هذه اللحظة سلبية أم إيجابية، أي شخصية لحظية، كل ما تشعر به من تناقضات تعيشه، أي تغير تتلقاه يجب أن تعيشه، ولهذا هذا النوع من

الشَّخصيات يحب التغيير، ويملُّ بسرعة وأسرع مما نتوقع، كل مرة يملُّ فيها يتغير وكأنه يحاول إيجاد طريقة أخرى لكي لا يمل... كل مرة يجد مخرجاً لبداية جديدة، وبكل نهاية تغيير يجد المخرج مرة أخرى... منهم من لا يعرف نفسه جيداً، فكل مرة يعيش بتغيير فترة، إلى أن يستقر، ثم لا يستقر، ويبحث عَن تغيير آخر أو بيئة جديدة تناسبه... هذه الشَّخصية لأن لديها درجات في التغيير في كل نوع... يوجد منهم من يكون أقل تناقضاً وأكثر اتزاناً من غيره، وهذا سهل تحمله، وسهل التأثر بشريكه بشكل إيجابي نحو الأفضل...

عابرون ولا يهتمون؛ لأنهم متغيرون.. لديك طريقان معهم: **الاستمراروالتحمل** مهما واجهت من الصعاب وتغير السبل والأجواء الغريبة والمخيفة... يجب التعامل معها والتكيف، ومهما كانت النهاية تتحمل العواقب...

تجنب هذا النوع من الشَّخصيات لأنك تحب الوضوح والاستقرار، ولست بمستعدٍ لمواجهة أي تغيرات، والمساهمة في إيجاد الحلول أكثر من التخلص من العلاقة مع هذا النوع.

الانتقام! ولماذا الاستمرار بالحب إذا ليس لديك القدرة للتحمل ودفع ثمن نهاية هذا الحب!

مؤخراً انتشرت ظاهرة الانتقام، ليس فقط بين المحبين؛ بل أيضاً الأصدقاء والأقارب، وأحياناً شخص قابلته لمجرد لحظات..

هل هو صراع داخلي بين النفس وما تخزنه أو حرب لا متناهية، أو نفس مريضة ميؤوس من شفائها.. أو نفس لمْ تستخدم كلمة التسامح كثيراً، والسلام، والأمان، أو رُبَّمَا نفس لا يوجد بها اللون الأبيض... افتراضات كثيرة، وأصدَقُها هو عدم التصالح مع النفس.

صحيح أن الحب أعمى، ولَكِن العمى يغيب أحياناً بسبب أشياء ومشاعر كثيرة، تكون غالباً مضرة لأرواحنا، وأحياناً تكون منبهات صحو، وضمير يصحو بين تارة وأخرى، وهذه تكون

فرصتنا لاستخدام العقل والاستمتاع بالعقلانية والواقع، وتقبله أو تركه...

كقصة قصيرة لفتاة تدعى (ذكرى) وشاب يدعى (حبيب)..

ذكرى كأي فتاة تحب وتنجرف بعواطفها كلياً لمن تحب.. قبل أن تتعرف عليه، كانت ذكرى وحيدة، وكان لديها حزن شديد بسبب علاقة فاشلة انتهت؛ لذلك كانت تشعر بالفراغ والوحدة، وأيضاً كان لديها عملها اليومي بالرغم من أنه عمل يملأ وقتها، ولَكِن مازالت تشعر بالفراغ... إلى أن التقت بالشاب حبيب.. التقت به في مَكَان عملها.

تقول ذكرى: "أول مرة رأيته فيها لمْ يثر بي أي اهتمام، ولَكِن كانت الكثير من الفتيات تتحدث عنه، وعن كم هو وسيم وساحر وما إلى ذلك..."

تقول أيضاً: "أعجبني منصبه وشعبيته، وكم كان مرغوباً من الكثير..."

بعد ذلك أرادت ذكرى التقرب منه، ويوماً بعد يوم تزداد المشاعر ويقوى الرباط بينهما. وهي تقول: "لم يكن سهلاً التعرف والتقرب إليه، وكمهارات أي فتاة، كنت أحاول بكل جهدي، وأيضاً أدركت أنني معجبة به بشدة. أخبرته بطرق بسيطة بأفعالي، ورُبَّمَا ذلك أشعره بالراحة، وجعله يدرك أنني مختلفة.

بعد ذلك حدثت أجمل حادثة، وهي الحب، وأحببنا بعضنا كثيراً..."

يقول حبيب: "لم أرَ فتاة تشبهها حتَّى بطرقها الساحرة سواء بالكلام أو بالفعل، وكانت تعمل على راحتي يومياً، وأشعر بالسعادة معها، وأنني أحببتها فعلاً، وأنني أريد الزواج بها..."

وحدث ما حدث، وإذا وقع الحب يصعب التراجع أو حتَّى الرجوع إلى ما قبل الحدث.. الآن الاثنان يعيشان بالجنة.. وسوف تبدأ خطوة الارتباط...

حبيب غداً سوف يطلب يدها من أبيها، وهي تتراقص من شدة الفرح، وهي فقط تنتظر الغد بفارغ الصبر... وأخبرت صديقاتها ليتشاركن الفرحة معها، ولَكِن كانت دائماً تقول: "هو لديه منصب كذا وكذا... إلخ"

وأشرقت شمس غدٍ، وكانت تنتظر، والمفاجأة الكبرى أنه لمْ يأتِ، ورُبَّمَا القدر يقول لن يأتي.

غضبت جداً، واتصلت به لتعرف السبب! قال لها: أنا أعتذر، لمْ أستطع المجيء لأن والدي مرِضَ وأنا معه بالمستشفى، وكرر كلمة أعتذر وأنهى المكالمة...!

لمْ تعره أي اهتمام؛ لأن الغضب أعماها عَن الحقيقة، وبدأت تشك أنه يكذب عليها ويتهرب.. وبعد ذلك اليوم لمْ تتصل

به لتطمئن.. هي لمْ تكن الفتاة الكاملة – كأي فتاة – ولَكِن كانت سلبياتها أكثر من إيجابياتها في هذه العلاقة. كانت تريد منصبه، وتريد البعض من أضواء الشهرة لديه، وهذا يفسر أنها لمْ تحبه أبداً...

اتصل بها كثيراً، ولَكِن لمْ تعاود الاتصال به، وكان هو مشغولاً بسبب ظرف والده.. وفي تلك الأثناء، بدأت ذكرى بمحاولة التقرب من صديق حبيبها المقرب لكي تسأله وتستفسر منه عَن بعض الأشياء وتقتل الشك باليقين... وطبعاً نجحت كعادتها، وأخبرها عَن كل ما تريد الاستفسار عنه، ولَكِن كان مندهشاً من شكها بحبيب؛ لأن حبيب بنظره شاب رائع، وكصديق لحبيب بالطَّبع أخبره أنه يريد الزواج بها وهكذا...

ومع ذلك، وبمرور الأيام، أصبحت ذكرى تتحدث مع صديق حبيب دائماً وبنفس الحجة.. وأيضاً لمْ تعاود الاتصال بحبيب لأنها انشغلت بصديقه، فهو أيضاً ذو منصب وشعبية ومرغوب جداً، وشعبيته أكبر من حبيب...

حبيب أصابه حزن لعدم وجود ذكرى بجانبه في ظرف كهذا، وعندما أخبره صديقه عما فعلته ذكرى، وما أرادت الاستفسار عنه تحطم قلبه.. قال له صديقه: "أعتقد أن هذه الفتاة تحب شيئاً بحياتك ولَكِن ليس أنت، والآن تحب شيئاً بحياتي أنا، وأنت

يا حبيب صديقي، وأنا لا أخونك أبداً، ولَكِنني أنتظر منك فعلاً أو كلمة لأمنعها من الاتصال بي..."

حبيب أخبره فوراً ألا يجيب على اتصالاتها، وحدث ذلك.

بعد الاطمئنان على والده، عاد حبيب إلى عمله وهو محطم القلب، وخذلان كبير يأسره... رآها، واتجه إليها وتحدث معها وهو مبتسم، وقال لها كل ما بداخله من خذلان... وأيضاً قال لها: "إنني أشكر الله على ما حدث ذلك اليوم؛ لكي لا أتزوج بك.. تخليتِ عني، وشككتِ بأمري عند أول ظرف وأول محنة، فكيف لو عشت معك الباقي من عمري... إن الله عادل لأنك لمْ تحسني نيتك اتجاهي، وأنا أحسنها جداً. إن الله بذلك الحدث أخذني بعيداً عنكِ؛ ليريني من أنت فعلاً..."

ذهب حبيب بكل امتنان وفخر وقناعة.. صحيح أنه كان مكسوراً، ولَكِن كان قوياً ليقنع نفسه بحقيقتها، وحقيقة أن قلبه لا يستحقها.

ذكرى ندمت وبكت وتألمت، وأرادت إرجاعه بكل الطرق ولَكِن لمْ تستطع، وهنا أتت فكرة الانتقام منه...! هل تعتقدون أنها تستطيع؟ ولها الحق في ذلك؟ ولماذا؟!

كانت نهاية عادلة جداً بالرغم من أن القصة بسيطة، ولَكِن فيها الكثير من الأهداف. وقصص كثيرة هكذا، ولَكِن بطرق

وحبكات ونكهات جداً مختلفة، وطبعاً النوايا ألوان، ولَكِن نهاية كل قصة عدل أو حكمة، أو صبر أو درس جيد...

هي لن تستطيع الانتقام، ولو فعلت لعاد لها ذات الانتقام ودمرها داخلياً؛ لأن الانتقام شعور ليس بجيد، وفعله يجلب نفس هذا الشعور، ولَكِن مضاعفاً، أي تكون العاقبة وخيمة...

ذكرى لمْ تحب حبيباً، بل أحبت ما لديه، وأيضاً أحبت صورة حياتها معه، لذلك لمْ تتزوجه في النهاية مع أنه أحبها وأخلص لها النية بذلك، وأحبها لذاتها ليس لشيء لديها، أو أسباب مجهولة للنفس...

هي ذكرى، وأصبحت لديه فقط ذكرى... لَكِن رُبَّمَا ذكرى مؤلمة أو ليست مرغوبة. وهو حبيب، فظل الحبيب لها ولقلبها، ودائماً سوف يظل؛ لأنها سوف تدرك يوماً كم كانت مخطئة وغير محقة بما فعلته اتجاه حبيب، وسوف تفقده لأنه بالنِّسبة لها هو المحق، ورُبَّمَا هو الكامل، ولَكِن كل ذلك بعد فوات الأوان، وتتغير المشاعر وتصبح هي الذكرى، ويصبح هو لها دائماً بالقلب الحبيب...

توقفوا عَن الانتقام، وابدأوا بالصفح والتخلي عَن المشاعر السلبية.. تصالحوا مع أنفسكم لكي تتصالحوا مع غيركم.. أحبوا أنفسكم.

اقتلوا النقص أو المرض أو عدم التصالح مع النفس؛ لكي لا يأتي الانتقام، فهو فقط سيعود عليكم بالضرر والعاقبة الوخيمة...

سألتني صديقة لي مرة سؤالاً بطريقة غريبة، **وقالت لي**: "برأيك من ينتصر، الحب أو الانتقام؟"، فرأيت نفسي تلقائياً أبتسم ابتسامة عريضة، قائلة: "الحب طبعاً! أساساً كيف يلتقي الحب مع الانتقام، فكل منهما له طريق مختلف جداً عَن الآخر...؟ أعلم أنه تأتي لحظات يشعر بها العاشق أنه صغير جداً، وممزق جداً بجانب من يحب بسبب تصرف أو فعل أو موقف أثَّر به ولم يشعر به من يحبه، أو بسبب الخذلان أو الهجر بلا سبب، وأسباب كثيرة تولد في القلب العاشق الضعيف، هذا الانتقام، ولَكِن مهما كانت الحرب بينهما، وكل شيء مصحوب بهذه الحرب، وأيضاً مهما كانت قوة الانتقام مع قوة الجانب السيء لهذا العاشق، سوف تكون النهاية لصالح الحب، فقط الحب... ومن يرى عكس ذلك فهو لمْ يحب من الأساس...

أنت لو أحببت شخصاً مهما فعل بك هذا الشَّخص من أذى أو ضرر، سواء كان بقصد أو بدون، فأنت تكون عاجزاً أن تفعل معه نفس الشيء، أو حتَّى تنتقم منه، وهنا يصبح الانتقام

عاجزاً، والحب هو المنتصر... مهما كانت قوة الانتقام تصبح قوة
الحب هي الأعظم والأكثر تأثيراً والأقوى...

الخيانة المباحة.. ورُبَّمَا المنطقية

ليس كل خائن له سبب، وليس كل سبب خيانة مبرراً منطقياً، وأيضاً ليس كل خائن تلائمه هذه الكلمة...

إدراك أن خيانتك على خطأ صعب أحياناً ومبهم، وبالأخص عندما لا تجد سبباً كافياً، أو حتَّى سبباً لهذه الخيانة، أو لشعور تأنيب الضمير الذي لا يموت، وعدم معرفتك السبب الحقيقي يجعل منك المخطئ والضحية لشيء أنت لمْ تفهمه أبداً.

أنت حبيب جيد.. تحب شريكك وتعامله جيداً.. مشاعرك مستمرة وثابتة بشكل إيجابي، تشتاق له باستمرار.. مخلص ووفي وتحبه كثيراً، وهذا الشريك له أوائل الأولويات... العطاء منك له لا يتوقف، ويمنحك شعورَ الرضا والارتياح... مشاعر كثيرة لهذا الحبيب.

عندما يأتي الأمر إلى هذا الحبيب فهو لا بأس به... جيد ويعطيك ما تستحق ورُبَّمَا أكثر بقليل، ويحبك وكل شيء قريب

للمثالية... ولَكِن عندما تكون بصحبته تأتي مشاعر غريبة من ناحيته.. مشاعر غريبة وكثيرة ومعقدة وصامتة وغير مشبعة، وغير قابلة للتفسير.. وكأن روحك تقول لك: "لا أشعر بأن هذا الشَّخص يكملني أو يشبعني"، وعندما يغيب عنك تجد نفسك تشتاق إلى أنشطة اقل أهمية من وجودك مع هذا الحبيب، وأيضاً تجد نفسك تسارع بالحديث مع الأصدقاء، أو حتَّى التعارف بأشخاص لمْ تعرفهم من قبل...

تفعل أشياء أقل أهمية، وغير منطقية، ولَكِن هذه الأفعال تشعرك بالشبع والاكتفاء أكثر من الحبيب... إذا حاصرك هذا الشَّعور؛ لا تشعر بالذنب، ولا تقلل من شأن ذاتك... ولا تشعر بالإحباط والنقص، وأن كل الاسباب منك... هناك سبب أكبر من كل ذلك، وهو فقط أن هذا الحبيب ...المشكلة به هو فقط، حتَّى لو كان حبكما كبيراً ومثالياً، وأنك لا تستطيع العيش بدونه...

تذكر أنه يوجد سبب أهم وأكبر من كل ذلك، وأنك حتَّى لو كنت بعلاقة مثالية، فإن هذه العلاقة تصبح هشة وضعيفة بصحبة هذا الحبيب، وعند أول مغيب تذهب مسارعاً للبحث عَن سداد لهذا النقص، أو هذا التضور...

أنت لست خائناً، ولَكِن هذا الحبيب لا ينتمي إليك، والفراق أفضل وسيلة لهذه الحالة من "النصف خيانة..."

هذه الحالة تكون شائعة بعد الارتباط، وبعد فترة طويلة منه بالرغم من أن الخيانة من هذا النوع لها مبرر وسبب، لأنه قد تم الارتباط، والشائع أن السبب قد يكون موت المشاعر مع الروتين، وولادة بعض الملل... مختلفة عَن الحالة المذكورة من قبل، أي التي تكون علاقتها حديثة أو لفترة معقولة.

الخيانة أبشع وأقسى أنواع المشاعر العاطفية، وليس لها أي مبرر أو عذر، أو حتَّى سلسلة من الكلام، الخيانة تعتبر خيانتين، خيانة لذاتك وخيانة لشريكك.. أردت فقط توضيح أغرب نوعٍ منها، والغير مدرك، وكما ذكرت المباح أحياناً، أي عندما تكون صادقاً مع نفسك كل الصدق، وتعجز عَن إيجاد مبرر لخيانتك، أو تشعر بوجود من تحب، أنه ليس موجوداً تماماً، ولا تستطيع الاكتفاء به.. يمتلكك شعور الإحباط والملامة والحيرة لفعلك هذا، ولَكِن لا تقف متفرجاً فقط، ابتعد عَن هذا الشريك بسلام تام، أهم جزء – إذا شعرت أنك تنتمي لهذا النوع من الخيانة – هو أن تكون صادقاً كل الصدق مع نفسك، وصادقاً كل الصدق مع قلبك، وحبك للشريك.. في هذه الحالة يكون هذا إثباتك

لبراءتك من مسمى الخيانة الحقيقية، والمصحوبة بالأسباب الكثيرة والمعقدة والبشعة.

تحرير المشاعر وإثباتها

الكثير من الأحيان نسمع هذه العبارات:

- "أشعر بالراحة معه"..

- "هو يفهمني ويستمع إليّ جيداً"..

- "أمتلك سعادة غير محدودة كل مرة أقترب منه"..

- "لا أريد أن أبتعد عنه أبداً؛ لأنني سوف أفتقده فوراً"..

- "أشتاق إليه كثيراً، وبمشاعر غريبة".. "

- لا أستطيع التوقف عَن التفكير به"..

- "أحبه بجنون، وأريد أن أصنع له السعادة"...

من بعض العبارات التي نسمعها من شخص واقع بالحب.. أدركت فجأة أنك تهتم لشخص ما، ومع كل لحظه تمضي.. شيء ما يؤكد لك أنه رُبَّمَا أكثر من اهتمام.. أصبح الآن لديك مشاعر

قوية اتجاه شخص، ومع الوقت أدركت أنها حب... ماذا ستفعل الآن وكيف تتصرف! أنت الآن تعاني وحدك.. أنت فقط أدركت هذا فجأة... نعم، أنت سعيد جداً، وتشعر براحة كبيرة، وتريد أن تكون مع هذا الشَّخص بكل الطرق، وتنتظر أي فرصة تجمعك به، وكل هذا لتشعر بالجنة والمشاعر المختلطة الرائعة التي تصدر من هذا الشَّخص... ولَكِن الآن ماذا تفعل، لديك فقط طريقتان... وكعادة كل الأمور، يوجد الطريق السهل، ويوجد الطريق الصعب...

* **الطريقة الأولى:**

تذهب مباشرة لهذا الشَّخص، وتعترف له بحبك.. وهنا قد تكون حررت مشاعرك، وأيضاً سوف تعرف ردة فعل هذا الشَّخص.. تكون قد قطعت جزءاً كبيراً من تحريرك لمشاعرك.. الآن أنت حررت بالقول. بعد ذلك تبدأ بالفعل، ويجب أن تفعل كل ما بوسعك لكي تصل لقلبه وتشعره بالأمان؛ لأن الفعل يكون سبباً للأمان غالباً.

إذا كانت ردة فعل الشَّخص مباشرة وسلبية بنفس الوقت بعد الاعتراف بحبك له، هنا أنت تذهب فوراً، ولَكِن بلا حقد أو

بغض أو مشاعر سلبية، فعلى الأقل أنت عرفت نهاية مشاعرك أو حبك واستجبت لقلبك بالمحاولة.. إذ لمْ يجبك الشَّخص بطريقة مباشرة، ولم يبادرك بأي ردة فعل... لا تقل رُبَّمَا يشعر بنفس المشاعر، لا، لا تصنع الوهم لنفسك... حاول أن تأخذ منه إشارة لكي ترى؛ هل يتوجب عليك الاستمرار أم لا.. أهم جزء هو الفعل، يجب أن تبذل كل ما بوسعك وجهدك.. في هذا الطريق، ها أنت تكون قد حققت المعرفة بالرغم أنك تعلم أنه لا بأس إذا أعطاك هذا الشَّخص الفرصة لكي تثبت هذا الحب. ولَكِن هو لمْ يعطك تلك الفرصة، وبهذه النتيجة أن تذهب فهو أفضل، وتكون قد كسبت الحماية لقلبك وحررت ما بداخلك من مشاعر، وأيضاً حقَّقْت الراحة...

• الطريقة الثانية:

هذه تحتاج المزيد من الجهد والصبر، ولَكِن الأفضل لك عندما تعلم أن هذا الشَّخص بكل جدارة يستحق كل هذا المجهود للوصول إلى قلبه حتَّى لو منعك، وحتى لو صنع حاجزاً معقداً، وحتى لو حاول أن يدفعك بعيداً.. هنا تبدأ بالفعل أولاً... ويجب أن تصبر ولا تثبت الحب بكلمة (أحبك) مهما واجهت من

صعاب؛ لأنه لا منفعة من قولها، فأنت يجب أن تقولها بالأفعال بعد البوح بها... تستخدم كل الطرق وحتى أسخفها لإثبات هذا الحب، وتستخدم كل الجهد والطاقة أيضاً... اِفعل كل ما يحلو لك، ولا تقل لا للجنون؛ بل بالعكس، إنها فرصتك، وأجمل عذر لك لتصبح مجنوناً حقيقياً لهذا الحب....

اِصنع السعادة له واقتل حزنه، والجزء الأهم يجب أن تضحي... ويجب أن تشعره بالأمان، ويجب أن تكون معه كل مرة يحتاج بها إليك.. كن له كلَّ شيء، لا تجعل له مصدراً للشك، أو فرصة لعدم الشعور بالأمان... أيضاً يجب أن تكون نفسك، وعلى طبيعتك، وأنت الآن فقط لأنك تحاول الإثبات تستخدم كل الطرق المؤدية لهذا الحب، ولَكِن بطبيعتك وطريقتك أنت فقط... لا تحاول أن تقلِّد عاشقاً ما، أو تفعل طريقة مألوفة لشيء ما... كن أنت، واصنع لك طريقتك أنت فقط.. وأيضاً لا تنسَ الجنون... سوف تستغرق الكثير من الوقت، رُبَّمَا يصل هذا الوقت إلى سنين، وأقلها سنة، رُبَّمَا.. كلّه يعتمد عليك...

والآن بعد تحقيق كل ذلك، ورؤية ردة الفعل لهذا الشَّخص سواء كانت سلبية أم إيجابية... الآن أنت سوف تتحدث عَن المشاعر، وسوف تستخدم الكلام، ولَكِن ليس أي كلام أيضاً... لا أقول لك استخدم الشعر أو أشياء خارقة... فقط بُح

بمشاعرك ومدى التأثير الذي يصنعه بك الشَّخص كل مرة تكون قريباً منه، وكل مرة يمر بذاكرتك.. حرر مشاعرك.. النتيجة بهذه الطريقة سوف تكون صعبة؛ لَكِن تستحق، وغالباً هذه الطريقة تنجح لأنك كنت دائماً موجوداً لهذا الشَّخص، وقريباً منه، وبأفعالك أثبت أنه يهمك وأنك تحبه وتخاف عليه كثيراً، ودائماً تصنع الوقت لزرع ابتسامته وسعادته.. الآن أنت أثبتَّ وحَرَّرْت مشاعرك.. الانتصار لهذا الحب حدث، وهذا الشَّخص سوف يعطيك قلبه بكل اطمئنان وثقة. ومن خلال مرحلة الإثبات لابد من وجود إشارات لقلوب كل منكما، وتساعد للوصول إلى هنا.. أي إلى الفوز بحب هذا الشَّخص....

إذا كانت النتيجة غير إيجابية وغير مرضية، سوف يكون صعباً جداً لأنك استهلكت الكثير من الوقت والطاقة، ورُبَّمَا المخاطر فقط لإثبات المشاعر، وبالفعل كذلك.. ولَكِن أيضاً كسبت نفسك بتحريرها وإثبات هذا الحب بالفعل لهذا الشَّخص...

تستطيع بعد الوصول لهذه النهاية أن تنهي كل شيء وتبدأ من جديد وأنت محرر من كل شيء، وبضمير مرتاح؛ لأنك فعلت كل ما بجهدك، وأيضاً لك حرية الاختيار أن تستمر ولا تفقد الأمل، لأن هذا الشَّخص يستحق وهكذا...

زد جرعة الصبر، وأحبه أكثر، وأيضاً اِفعل له أكثر؛ فكل ما تحتاجه الآن هو المزيد من الوقت فقط... استمر بالحب، ورُبَّمَا سوف يدرك ويقدر يوماً ما وأنت بكل الحالات لا تخسر...

في نهاية الأمر.. إما أن تستمر أو أن ترحل، ورحيلك هذا ليس بخسارة.. لأنك بكل حالات الاهتمام والعاطفة أخلصت وحاولت.. والمحاولة أفضل من عدمها عندما يتعلق الأمر بالمشاعروالقلب.

كيف نحصل على الحب ونحن
بزمن اللاجهد

كثير من النَّاس يحدث معهم هذا الشي، كثير من النَّاس يقترب من الحقيقة، أو من الحب الحقيقي، أو من الشَّخص الموعود، الشَّخص المنتظر المناسب، الشَّخص الذي طيلة عمري وأنا أنتظره، أو رُبَّمَا اللحظة أو الدقيقة أو الساعة التي صادفته بها... تحدث معنا مشاعر كثيرة في يومنا العادي، أو في الأسبوع، أو حتَّى السنة... ما هو هذا الشيء الذي يحدث عندما لا ندركه ولا نتمسك به ويذهب هباءً منثوراً... لا توقع غير الحب.. أو شيء يجلب لنا الحب، أي مشاعر غير معرَّفة وقوية اتجاه شخص معين...

المشاعر الغير معرفة: أي أن ليس لها تعريف أو ترجمة.

إن حدث شيء كإشارة على الحب اتجاه شخص ما؛ ما الفعل المطلوب منا؟ للأسف في الأغلب لا نتمسك به، ونجعله يذهب بعيداً بحجج سخيفة تتعلق بالماضي، أو بالمواقف، أو بنزيف جرح مستمر ولا نستطيع نسيانه.. عندما يحدث هذا الحدث المفاجئ نقول:

"هذا الشَّخص مخادع!".. "هذا الشَّخص لا يجيد التحدث! ...".. "هذا الشَّخص لا يستحق اهتمامي!".. "هذا الشَّخص أناني غبي تافه، أي صفة نعتقد أنها به!".. "هذا الشَّخص لديه شيء لا يشعرني بالارتياح، ساذج، كيف لي أن أكون مخلصة له، تعب قلبي من هذا الطريق، رُبَّمَا هو ليس الشَّخص المنتظر!".. "هذا الشَّخص غير مبالٍ ولا يبادر بالسؤال عني...!"

وكثير من المبررات اللا متناهية.. وكلّها بحجة عدم إدراك هذا الحدث، أو هذه المشاعر للشخص...

لماذا كل هذا العناء! ولماذا الرجوع للوراء، أو إلى الماضي الجارح! لماذا العيش بكدمات وجراح من لمْ يبقوا معنا! لماذا الخوف من كل شخص يقترب منا، وكل شعور يأتي إلينا فجأة باسم الحب، أو باسم الجنة والراحة... مخاوف كثيرة يجب أن

نتغلب عليها لكي لا نندم بعد فوات الأوان.. الحدث من الواضح أنه الإعجاب أو الحب، أو المشاعر الغير واضحة لشخص ما.. أعجبنا به بشدة، وكل يوم نرغب بمعرفته أكثر وأكثر، ولَكِن بسبب ما عانيناه من ماضٍ أو مخاوف.. إذاً لا نستطيع إدراكه أو الحصول عليه...

نحن الآن في زمن اللا جهد.. وأنا أريد من كل شخص وقع له هذا الحدث أن يدركه ويتمسك به ويحصل عليه بالنهاية... وحتى لو لمْ تستطع الحصول عليه، فأنت على الاقل جربت وبذلت الجهد المطلوب استجابة لمشاعرك الصادقة والنادرة والعفوية لهذا الشَّخص... نحن دائماً نقول لأنفسنا لماذا نحارب ونجتهد ونبالي لهذا الشَّخص، أو الحدث، نحن كنَّا به وخسرنا، والشريك لمْ يستحق ما بذلنا من حب وطاقة واهتمام ووقت.. مع ملازمة الخوف التام...

أعرف هذا جيداً، ولا ملامة لهذا الشيء، ولَكِن لمْ لا نحاول، ومع كل محاولة درس وتجربة رائعة، والأفضل من ذلك أننا في النهاية لا نشعر بالندم مقابل ما تعلمناه، وبكل الأحوال نحن لا نخسر، بل بالعكس؛ رُبَّمَا عندما نستجيب لهذا الحدث ونتعب من أجله ونفعل الكثير والكثير لكي نتمسك به.. بكل المشاعر والطاقة والحب والاهتمام والوقت نستخدم الفعل لنثبت

للحدث أو لهذا الشَّخص أننا حقيقيون وصادقون، وفعلاً نحب... هو سوف يستجيب ويشعر بذات المشاعر ويكون قابلاً للعطاءِ أكثر حتَّى منك...

أيضاً رُبَّمَا هو مثلك لديه مخاوف ولا يرى أن الأمر يستحق حتَّى المحاولة، هو فقط سئم وليس لديه إيمان بوجود هذا الحب أو هذا الحدث.. ولكِن أنت تعلم الآن ومع أفعالك واهتمامك سوف تساعده لكي يرى أنه يوجد أشخاص مستعدون لبذل كل ما بوسعهم، والتضحية لأجل هذا الحب، أو على الأقل يوجد هناك أشخاص يحاولون كل يوم وبدون استسلام أو ملل إثبات حبهم أو اهتمامهم بك، بأمل يولد مع كل يوم جديد بسببك أنت فقط.. القيمة هي إذا كلنا لمْ نبذل مجهوداً اتجاه من نحب، وكلنا لمْ نسعَ لهذا المجهود، وكلنا نخلق الحجج للآخر، أي أنه لا يستحق، ورُبَّمَا هو الذي يجب عليه الاهتمام والمبادرة، وهكذا وطبعاً مع بعض كدمات من الماضي! إذاً كيف لنا إدراك أو الحصول على من نحب! اسعوا جيدا لهذا الحدث فرُبَّمَا يحدث قليلاً جداً خلال سنوات حياتنا...

عزف وخر افات عشق..

• حب من النظرة الأولى:

وكان وقتاً بلا موعد.. أشرقت شمسك بعيني بعشوائية. كنت أمشي لا مبالية، حتَّى سرقت كل ما بي بلحظة شوق ساذجة وانتقائية.

لا وعود، ولا سابق معرفة، لا شروط ولا استثناءات.. فقط أحبك كما أنت وبكل ما فيك من عيوب وحسنات. قلبت حياتي رأساً على عقب، فقط بولادة لحظة فجائية.. هذا هو الحب النقي. الحب الذي يكون حباً من أول نظرة... البعض ينظر له كخرافة، والبعض ينظر له كأصدق أنواع الحب...

دقات قلب سريعة وغير منتظمة أحياناً..

عند ذكر اسمه يزيد نبض قلبي، لا أستطيع تعريف ما يخبرني به هذا القلب.. هل هو يرقص أم يتحرك.. يتحدث أم يبكي؟ وكل ما بداخلي وكأنه حب وحرب.

يصعب الفهم والإدراك والتعريف، فقط دقات قلب سريعة.. هذا دليل عشق صامت يحاول أن يخبرك به قلبك، أي

كلما ذكر هذا الشَّخص أو اقتربت منه.. قلبك يستلم زمام الأمور، ويتحدث بالنيابة عنك، مستنجداً بك بطريقة غريبة وجسدية...

لغة العيون وحديثها..

تبادل نظرات، تبادل هموم قلب وعثرات، أريدك بشدة، طريقة نظرك إليَّ مجنونة وعاطفية، لا أريد كل هذه المسافات حديثنا أجمل بصمتنا من بعيد، نغزو ونداعب كل حواسنا بنظرة أو حتَّى نظرات.. لغة العيون أحياناً تنتج حباً، أو حتَّى عشقاً وحديثاً لمْ نسمع به من قبل، بالإضافة إلى لغة الجسد أيضاً، وعندما تستجيب قلوبنا لكل تلك الأشياء.. يحدث الحب وحديثه. وعين تغني عَن كل العيون.

حب كفاية..

له نصف وجود ولي أيضاً، أحتضن ما تبقى منه كل مرة يأتي فيها. أعشقه بكل تفاصيله وأعشق حتَّى فراغه الممتلئ، أعيش بذبذبات هو فقط يوازيها.

مشاعر مكتفية وقنوعة لكل قلب يحصد به هذا النوع الخرافي من الحب.. رُبَّمَا نادراً لأن صديقه الوفاء والاكتفاء والتروي منه من كل الزوايا، وإلى آخر قطرة أملٍ منه...

تتبع بلا بوح أو شرح..

أشعر وأشعر وأشعر، ويتجاوزني الإحساس وبينهما مشاعري تنمو وتكبر.

حقيقة أم سراب، فهنا باب وهناك ألف باب، قلبي أحكمه بصرامة، وعند ذكرك ورؤياك ينفجر ويحضر.

كل ما يخصك يخصني، كل تفاصيلك تنتمي إلى عاطفتي الضعيفة، بقربك، يصعب الحديث والشرح في هذا النوع من المشاعر أو الحب.. فقط نتبع من نحب بلا حديث وبلا استفسارات وحتى بوح بما نشعر بكل الطرق، وكأن ضوء الانتباه مسلط فقط لتتبعنا لهذا الشَّخص...

العشق خرافة، والحب خرافة، والمشاعر خرافة أيضاً، وأصغر ذرة مشاعر نمتلكها اتجاه أي شخص تكون خرافة، وليست بالأمر الكبير أو المهم... مجرد آراء لبعض البشر.. الإيمان هو من يحددها، خرافات موجودة ورُبَّمَا حقيقة ومنها ما يموت في وقت مبكر، ومنها من لا يموت وتتم المحافظة عليه بطريقة

جَميلة ومبتكرة، فقط طريقة تعامل وإخلاص لما نشعر به اتجاه أي شخص.. كذلك واجبنا اتجاه عاطفتنا وبالأخص قلوبنا، أن نخلص لها لكي تخلص لنا أيضاً.

أن نؤمن هو شيء مهم جداً، لكي يستمر هذا الشعور ولا يموت كهذه الخرافات والتي ذكرنا البعض منها. الخرافات والأشياء البسيطة والغير ملاحظة هي أكثر الأشياء تأثيراً وحقيقة، لذلك عدم الاستهانة بها وتقديرها هو أجمل ما نفعل جزاءً لها، الأفضل ألا نجعلها مؤقتة، ونجعلها ثابتة ومتألقة وأبدية...

كأوراق متطايرة غير مستقرة، منها ما تمسك بها وتقرؤها، ومنها من لا تستطيع الحصول عليها وكأنه فاتك دهرٌ من الزمان، وذهب جزء كبير من حياتك، ورُبَّمَا أهم الأشخاص الذين كانوا منتظرين بالقلب الذي لا يفقد الأمل بالشَّخص المنتظر...

المعجزة تنتمي للخرافات، الصدف، عندما تقرأ شخصاً بثوانٍ معدودة، عندما يعزف قلبك بلا توقف ولا يعرف الهدوء وأشياء كثيرة.. تهذي بك كل خرافة، وترمي بك بشواطئ كثيرة، وبعد الوصول لكل شاطئ ينتهي جزء من معاناة كل قصة وكل شعور، استسلام غير مدرك وغير مباشر من قلبك، وكل حاسة بك للتعامل مع كل موسم من هذه الخرافات.

العشق وما أدراك ما العشق

هو أجمل مواسم الحب وآخرها وأصدقها، وأيضاً أكثرها تحدياً للذات ولحقيقة ما يشعر به قلبك، وإخلاص قلبك لمن تعشق. مع كل صباح متجدد يوجد ثبات واستقرار أكثر لهذا العشق. والتفاهم يكون لغةً متطورة ما بين كل شريكين، والإنصات أيضاً، وكل ذلك بلا شروط وبلا قوانين...

بعد الحب والروتين الممل والوصول لكل ما بالحبيب من سطر، يبدأ التغيير بالغزو لمملكة كل من القلبيين، ويبدأ هذا التغيير بالتلاعب بهم لأنه يكون طبيعياً، وبالطَّبع لمْ يوجد إلا لأسباب، وكما ذكرنا منها، إذا احتل هذا التغيير القلوب، وبدأ بالإخلاص بدوره كتغيير.. ماذا تفعل القلوب! هل تزيح مَكَان لهذا التغيير أم تقضي عليه! ينخفض مستوى الحب أم يعلو، يكافح وينجو أم يهزم من قبل التغيير؟ كل ذلك يعتمد على مدى إخلاص الشريكين لهذا الحب وصدقهم اتجاه هذه العلاقة

والمشاعر.. إذا كانت القلوب مستقرة وثابتة والحب باقٍ كما هو وغير قابل للتغيير مهما كانت الظروف ومهما كانت قوة التغيير ومدته.. إذا استطعت أن تتجاوز كل ذلك فهنا يولد العشق الذي يكون أنقى وأصدق وأقوى من كل ظرف يفرض نفسه بلا سابق إنذار، إذا لمْ تستطع التغلب على هذا التغيير وتعرضت القلوب والمشاعر لاستفهامات كثيرة وأماكن مهجورة كثيرة وعدم إخلاص أو حتَّى لا يوجد حب بعد الغزو لهذا التغيير المدمر؛ فهنا من المستحيل أن يولد هذا العشق الدال على قوة أي حب، والرابطة الأكثر قوة لأي شريكين أو عاشقين.

ملاحظة عابرة للعشق..

بعد مرحلة الحب وإلى أن يأتي العشق، تعريفه يكون هو أن تتقبل الشَّخص بكل ما به من عيوب، حتَّى بعد معرفتك لهذا الشَّخص ورؤية الزوايا الناقصة به والغير محبوبة غالباً، بعد عبور ذلك الجسر المليء بالأشياء الغير مرئية والسلبية لذلك الشَّخص، وتقبل كل تلك الأشياء الموجودة به، وبالحب رُبَّمَا تراها أشياء جَمِيلة، هنا أصبح قلبك في العشق.

مشاعر مترجمة

زحمة أفكار وزحمة مشاعر وزحمة أرواح رُبَّمَا تكون غير متحابة، بالرغم من أنها يومياً أو غالباً تلتقي. زحمة مجاملات وكلام جَمِيل يشبه الشعر والسحر، وكأنه أصبح روتيناً يومياً...

الكلام هو الطريقة الوحيدة للتعبير، وأيضاً السلاح الخطير الذي يغزو بلا رحمة قلوب النفوس الضعيفة، ويغزو أيضاً الأشخاص الذين يفتقرون إلى الخبرة الكافية لمعرفة البشر أو تمييز ما يقولونه من خير وشر، أو من كذب وحقيقة حروف، كلمات، سطر جَمِيل، وما إلى ذلك، وكلٌّ لديه أسلوبه وطريقته الخاصة، وكلٌّ لديه دوره في المسرحية.

غالباً من يتفنن بتركيب الكلام بشكل متقن ومبدع تكون لديه موهبة لا تقدر بثمن، كالشعراء مثلاً، والبعض تراه لديه حفظ أو تقليد لشخصية مهمة ونادرة، والبعض الآخر تمثيل.. والمواهب الغير حقيقية كثيرة ومتعة مخزون الخبرة بالطَّبع

سيساعدك بالحياة دائماً مهما اختلفت عليك الإشارات المبهمة، سواء من الأشخاص أو من طرق أخرى، بالنهاية سوف تعرف، وابتسم ابتسامة عريضة وسارة.

سوف تقدم تحية لحدسك والشعور الداخلي المساعد أيضاً، وإذا كنت من الأشخاص الذين لديهم حدس إذاً فأنت مميز وعائق كبير لهذه الإشارات المبهمة، والتي أغلبنا يجهل معناها الحقيقي...

الكل يعرف أننا يجب أن نحسن الظن بكل شيء، وقد حثنا ديننا على هذا الفعل الرائع، أي بمعنى أحسن الظن ولو كان الشَّخص أساء لك، وبالنهاية لنا الأجر على ذلك وهكذا، مطلوب منا حُسْنُ الظَّن، وأيضاً أن نكون دائماً الأفضل بفعل الخير والإحسان والمعروف، وكلّه لا يذهب عند الله هباء، وعندما تعلم أن شخصاً ما ليس بجيِّد، ولا يحمل لك إلا السوء والمشاعر السلبية، تصل بالمقابل إلى أن تتجاهل إشارات فهمك بالحقيقة، أو حتَّى حدسك بهم، وتعطيهم عكس ما يتوقعونه، تعطيهم أفضل ما لديك لكي تشعرهم بالخجل حتَّى من أنفسهم، ولَكِن لا تنسَ أنَّ ما شعرت به، أو الإشارة التي استقبلتها منهم هي حقيقية، حتَّى لو لمْ يكونوا يعنونها بشكل مباشر وهكذا، هم يعنونها ولَكِن يعتقدون بأنك لا تفهمها، أو بالأحرى مستوى

عقلك أصغر من أن تفهمها.. نعم نحسن الظن، ونفهم المفهوم الصحيح، ولَكِن ليس دائماً. وأنا لا أريد أن تكون شخصاً سيئاً، لا بالطَّبع، أنا فقط أترجم لك هذه الحقيقة الصعب فهمها، ومن لا يريد فهم شيء حقيقي حتَّى ولو تجاهله فهو موجود...

أمثلة لهذه الإشارات:

عندما الشَّخص يخونه التعبير بكلمات غير أسلوبه المعتاد، عندما الشَّخص في حالة الحب يبرر كثيراً لخطأ ما، أي بمعنى كلما تكلم أكثر أي كلما كبرت الكذبة، عندما الشَّخص يخطئ في الحديث، مثلاً يخبرك بأمر ما اليوم وبعد يومين يعيد صياغة الحدث ولَكِن بتفاصيل جديدة أو ليست نفس التفاصيل، عندما الشَّخص يستخدم صيغة المزاح ولَكِن ليس المزاح المعتاد، أي بمعنى يكون ممزوجاً بحقيقة شيء يخصك، ومزاحه مصاحب لضرر بالمشاعر، عندما الشَّخص يخبرك أنه سوف يشاركك فعل أشياء عندما تكون بصحبته، وعندما تتاح له الفرصة فيتظاهر بالنسيان والسذاجة، وعدم فعله لشيء إطلاقاً...

عندما تشعر أن في كل مرة يأتي حدث معين تكون المادة أكثر منك، عندما تتحدث مع شخص وخلال هذا الحديث يسيء هو

فهمك ويخبرك بما فهمه، ومن ثم تصحح له فهمه، فقط ركز على ما فهمه قبل التصحيح، عندما تشعر بعدم القدرة على الإخلاص لشخص ما وخاصة أنه لا يوجد سبب؛ فهذه إشارةٌ التأملُ فيها قاتل، عندما الحدس لا يتوقف صوته بعد شعور ناتج من تصرف للشخص الذي أنت معه، أو تتحدث إليه.

عندما تشعر أنه لا يفهمك ولا يوجد بين أرواحكم انسجام، وعندما بلا سبب لا تثق به.

إعاقات نفسية

في الحياة عامة لا يوجد أجمل من التأمل، ولَكِن رُبَّمَا لمن يدركه ويقع في حبه.. الآن يوجد الكثير من الأرواح المعاقة، أو رُبَّمَا المضطربة، وحتى ولو بشكل بسيط، تستطيع إدراكها بلمح البصر، وبطرق مختلفة عشوائية...

- ترى شخصاً يحكم على شخصٍ بسرعة، وبلا رحمة ويفترض أشياء غير حقيقية.

- ترى شخصاً لا يتحكم بمشاعره، لأسباب تافهة وغير منطقية.

- ترى شخصاً يضحك كثيراً، لدرجة أن يطلق عليه وصف ساذج، وبلا شخصية.

- ترى شخصاً ينصح بحذر، وبقلق شديد ويخاف كثيراً، ويشعر اتجاه أي غريب.. عابر بالحب أنه عليه المسؤولية.

- **ترى شخصاً لا يستخدم المشاعر كثيراً**، ولا يبالي ويطلق عليه وصف البارد القاسي الخالي من العاطفة.

- **ترى شخصاً تائهاً**، بين طرق كثيرة ويمشي أينما تهب الريح.. بلا ضمير.. بلا وعي وبلا عقل وبلا جدية.

- **ترى شخصاً كثير الشكوى**، والكلام، وهو الآمر الناهي، يلقي الأوامر بلا أدب وبكل عدوانية.

- **ونرى الكثير من النَّاس حذرين لأتفه الأسباب والكثير** المتسرع والغير صبور، والكثير الذي لا يتوقف عَن النصح بسبب ما مر به من ألم أو موقف صعب، والكثير الذي يكون هو فقط يعيش في الماضي ولا يستطيع نسيانه، ويكون بين الألم الذي سببه الماضي وبين ما سببه هذا الألم.. أنا كيف علي المضي قدماً وعيش حياتي... وبين أنا ضعيف جداً بسبب هذه المعاناة، وبين الانتقام لمن سبب لي الألم، وبين الحقد الغريب اللا إرادي رُبَّمَا، وكلّه بسبب قصة حب فشلت، أو رُبَّمَا كانت وهمية، أو رُبَّمَا كانت أجزاء منها فقط حقيقية، والأجزاء الأخرى خيالية بطلها الزمن والوهم... الكثير من الأشخاص قد يكونوا عاشوا تجارب سيئة باسم الحب أو رُبَّمَا باسم الصداقة، وهؤلاء النَّاس

كالمعلقين هم بسبب ما مروا به من ظلم أو ألم أو معاناة، لا يستطيعون التحكم بحياتهم، أو حتَّى التطور، ولا يستطيعون العيش، هم فقط يعيشون بالماضي أو الوهم أو الخيال الذي صنعوه هم بأنفسهم.

* **بعض من الناس..** لا يكف عَن إسداء النصائح ويعيش بالألم وينسى نفسه في مجموعة إعاقات نفسية...

* **قلب يملؤه الحقد والبغض** لأشياء انتهت وغير ملموسة، أو حتَّى مرئية... وجهه استغله التعب والشوق، وأصبح كالعصر القديم وللغزو وافياً.. جسد خالٍ من الروح وليس مفعماً بالطاقة، يعمل مهامه ولا يتطلع لما أمامه. ميتٌ، وحتى موته منسي. والبعض يتجاهل البعض بسبب أنهم تعرضوا لهذا التجاهل... والبعض لا يريد لك الأفضل، بل فقط يريده لنفسه.

* **والبعض له ألوان عدة،** ولا تصبح كل ألوانه مكشوفة حتَّى عند أعز أصدقائه.. والبعض يتعلم كيف يكون خبيثاً وسيئاً بسبب معاناة انتهت، ولَكِن بالنِّسبة له لازالت حية. والبعض لا يثق بأحد بسبب شكوك حتَّى

لنفسه غير واضحة، كأنه أحياناً نفسه تفاجئه بأشياء ليست جَميلة أو حتَّى ودية.

- **البعض يلجأ للتمثيل والتصنع؛** لأسباب حتَّى ليست بصدق مثمرة أو معنية... والبعض يلومك على كل شيء، ويحب أن يحبطك كثيراً بسبب أشياء ليست موجودة أو حتَّى حقيقية. والبعض لا يريد لك السعادة رُبَّمَا لأنها له ليست أبدية...

- البعض يسرق شخصية آخر وينتحلها وكأنها شخصيته تماماً، بكل الأفعال وبكل الأقوال الأكثر من مألوفة، أو حتَّى العادية.. والبعض الذي يعجز عَن تجديد الأمل في كل مرة يتلاشى هذا الأمل. والبعض الذي لا يكتفي، ودائماً يرغب بالمزيد، وكأن شعاره الطمع وكلمة المزيد.. والبعض الذي يفتقر الرضا والقناعة لما لديه وما حوله، وإن يكن مخالفاً بشكل سيء حتَّى للمحيط والكثير الكثير.

نفوس غريبة بشكل سلبي جداً، ولو استغرقت الأبد لما اكتفيت من الأمثلة لهذه النفوس الغير مروضة، والغير قابلة للترويض، والعيش باللحظة، وترك كل ما يتعلق بالوراء، أو الماضي، والسبب الأهم حب الذات، والتصالح معها بشكل تام، وإذا كنت ترى نفسك واحداً منهم، قم بإصلاح ذاتك دائماً للأفضل ولا تستسلم أبداً، ولا تسمح لأي سبب أن يقتلك داخلياً ويعيقك عَن العيش، فالحياة قصيرة جداً، ونحن فقط في كل الأحوال عابرون.

التضور والهروب

روح يطاردها الصحو أو الواقع الغير مرغوب بعد سعادة غامرة.. شخص وقع بالحب وغمرته السعادة والحياة الجَمِيلة.. كل شيء كان من مشاكل أو حيرة أو عدم الرضا، هذا الحب جعله العكس تماماً، يصبح هذا الشَّخص ذا نظر ضعيف لأغلب الأشياء الملموسة والحقيقية لدى من يحب... مداعبة جَمِيلة، وتغيير جَمِيل للمشاعر والعاطفة.

كيف تكون النهاية، للأسف مؤلمة، ومصاحبة للمعاناة والوحدة والضعف والخوف، وعدم الرغبة للصحو والإفاقة. تكون أشبه بصدمة عاطفية كبيرة، وكأنما كان يعيش بغيمة من السعادة والنصر، ثم هبت الرياح والعواصف بكل هذا الجمال بعيداً.

نهاية مؤلمة، وقد ينتج عنها ضرر كبير وهو التضور لبدء التعرف على ضحايا وكأن لديهم معجزة كالسحر؛ لأخذ كل هذا

الألم بعيداً والاكتفاء بضحية واحدة.. شيء جيد بالنِّسبة لهذا الطائر الجريح، والذي لا يتوقف عَن الهروب إلى أماكن خاطئة ومظلمة، فقط للتجاوز والنسيان وامتلاك شعور جيد، وهو فقط يضر ما به من ضرر أكثر.

كيف تعرف هذا النوع من الأشخاص! يكون متسرعاً جداً، غير متزن، متناقضاً أحياناً، الضياع واضح على ملامحه، ولغة جسده تلعب دوراً كبيراً كأدلة كثيرة تستنج منها، منطلقاً بطريقة خرافية، يخفي ما مر به من تجربة، صعبة أحياناً، ويخفي بكاءه، ولَكِن تستطيع التعرف عليه من تقلُّبات مزاجه الغير منطقية، والمتغير كثيراً، ضعيفاً، يخبرك بأنه يحبك كثيراً، لا يستمع إليك، وبطيء الاستيعاب، ويحاول بجهد كبير جعلك تندهش به فقط للحصول عليك كدواء له في هذا الوقت وفي هذه الحاجة...

عامله برفق، ولَكِن لا تصدقه، فكن فقط متعاطفاً معه، محاولاً نصحه بطريقة إيجابية لما يحاول فعله، اِحذر كل الحذر من هذا النوع، الذي هو بأمس الحاجة لك، الغير واعٍ والمتضور فقط لاستغلالك كضحيه له، حتَّى بدون أن يدرك أو يعرف.

اتركه واذهب بعيداً، بعد النصح له وإذا لمْ يستجب لك، إذاً لا تجعل من نفسك ضحية له حتَّى لو وجدت نفسك عاشقاً له،

يجب مواجهة الواقع قبل أن يواجهك وتصبح مثل هذا الطائر الجريح.

إذا شعرت أنك أحياناً تصبح مثل هذا النوع. يجب أن تعالج نفسك بمواجهة الصدمة العاطفية وتعلم القوانين، للدروس من هذه العلاقة الفاشلة، كن قوياً ولا تهرب، واجه نفسك وواجه الفشل بالبدء من جديد بعد الشفاء منها وإغلاق كل صفحه بها، حارب التضور وصنع الضحايا بالإيمان والقدر والنصيب، وإن ما حدث هو لصالحك لأنه رُبَّمَا هذا الشَّخص لا يستحق قلبك، أو حسن ظنِّك به، هناك شيء أجمل ينتظرك لتنتمي إليه، أشبع تضورك بالعزم والثقة والقيمة الكبيرة لِما يستحقه قلبك وكل ما بك من أجزاء جَمِيلة، أشبع تضورك بحب أصدقائك وعائلتك التي تحبك دائماً، ولا تخذلك أو تتخلى عنك، أشبعه بالقهر والتحدي لنفسك.. إنتاج الأفضل منها والتمتع باكتشاف أنواع القوة لديك. لا تستسلم لضعفك وأنانيتك وحاجتك الغير منطقية، الفشل والنهايات مفتاح فرص كثيرة تستحقها وبدايات جديدة ثابتة...

أن تجلب الضرر لشخص، فهذه ليس قوة بل ضعف، وأن تغذي حاجتك وغرورك باتخاذ بديل بأسرع وقت ممكن ليس ذكاء وحكمة، بل وعياً فارغاً بلا نضج.

شفاء الروح وتأهيلها

ما أجمل شعور الامتنان بعد المعافاة من إعاقة ما، ما أجمل المنال لشيء جَميل بعد طعم الصبر الطويل... ما أجمل إدراك قيمة شيء عظيم بعد ضياعه لفترة طويلة... أشياء جَميلة بألوان ونكهات مختلفة. والكل له طريقته لتلقي ما ترميه لنا الحياة، وكيفية التعامل مع هذه الأشياء. الحياة أذكى من البشر، والقدر أعدل من البشر أيضاً، وصاحب وفي للزمن...

كل الأرواح تعاني وتمر بأوقات عصيبة ومن المنتصر! الحياة أم روح معينة لشخصٍ ما، أرواح هشة وجروح نزيفها لا يتوقف، أعين مليئة بالحزن الغير مفهوم، والألم الغير قابلٍ للترويض أو الشفاء، عقد وإعاقات كثيرة مخفية... نرى أحياناً أرواحاً جَميلة وقريبة للكمال، ولَكِن مكسورة، وليست متعافية بشكل مرضٍ أو متقن.

يقف الزمن أحياناً بمواقف أسرت قلوبنا بشكل سلبي أو إيجابي، وغالباً ما يكون بشكل سلبي، وتكون هنا أرواحنا متصلبة ومحجوزة فقط لهذا الموقف أو لحظة هذا الشيء الذي يكون محاصراً.. لماذا نوقف حياتنا على مواقف أو أشياء انتهت أو حتَّى انكسارات عاطفية غير قابلة للتعافي، أو العطاء من جديد كعلاقة حب مثلاً...؟!

كيف تشفي روحك من أي عثرات أو عقد سلبية، وكيف تقوم بتأهيلها بشكل جيد مع الحرص لعدم الرجوع إلى ما كانت عليه مهما حدث، ومهما كلفك الأمر من صعوبة...

عندما تنتهي من أمر ما ليس بجيّد، أو شخص لمْ يكن كما توقعته وانتهى بك المطاف بالكسر والخذلان أو حتَّى الصدمة... أنت انتهيت، وتلقيت إشارة من هذا الشَّخص أو الشيء الذي ليس جيداً لك.. إنك انتهيت، وجدت كلمة "نهاية"، لا تستطيع الرجوع وإصلاح كل شيء، أو حتَّى الاستفادة بالحديث لهذا الشيء أو هذا الشَّخص... الآن.. النهاية...جِدْ خاتمة جيدة لها، واغلقها جيداً، وكن صادقاً مع نفسك بشكل كامل.

بعد وضع النهاية لهذا الأمر... ابتعد كل البعد عَن معرفة شخص جديد أو بالأحرى بديلٍ بحجة أن هذا الشَّخص هو فقط القادر على شفاء روحك.. لا تفعل ذلك لأنك سوف تضر

نفسك... خذ راحة طويلة لكي تستعيد الصفاء مع ذاتك وإعطائها قيمتها الكافية بهذا الشفاء، ولكي تؤهلها بكل الاحتياجات والطاقة اللازمة لعلاقة أخرى...

تعلَّم وفكر واكتشف حتَّى أشياء عَن ذاتك.. استمتع مع ذاتك وافعل شيئاً لها يساعدك على الشفاء والتأهيل...

لا يوجد أجمل من الشعور بوجود شخص مميز أي الحب من جديد، بعد علاقة طويلة مع الشفاء والتأهيل لذاتك... كل شيء سوف يصبح أجمل...

امضِ قدماً وأسقط بعض الأشياء بلا مبالاة، فأنت لا تحتاجها
امض وكن خفيفاً غير ممتلئ بعثرات انتهت وانتهت صلاحيتها
امض واخلق من خاتمة كل نهاية عزماً وجمالاً نقياً يليق بصاحبها

أقوالي في الحياة

- يقال "لا تدرك قيمة الشَّخص إلا عندما تفقده"، وأنا أقول لا تعطه قيمة إذا فقدته لأنه مات ولن يعود.

- لا تغفل عَن إشارات الحياة المستمرة، فهي دليل القدر.

- أحب بصدق فالحب كالحياة مرة واحدة.

- استمع أكثر مما تتكلم لمن تحب لأن الكلام رخيص بجانب الفعل.

- أصدق أنواع الحب، الحب من أول نظرة.

- العفوية نوع من أنواع التمثيل، أحياناً ليطمئنك الشَّخص.

- احذر قوماً (يقولون ما لا يفعلون).

- خيانة التعبير لغة منقذة لقلبك أحياناً.

- ليس الفراغ الذي يجعلنا نحب؛ بل الحب هو الذي يجعلنا نحب.

- لا تترك شخصاً أحببته يذهب؛ لأنه إذا حضر الندم يستحيل حضور الشَّخص، ولهذا أيضاً يأخذ الندم حقه في المعنى...

- لا تجعل الإحباط والعجز حقيقة وهمية وتصدقه إلى أن تموت به.

- لا تطفئ نور الأمل بحياتك حتَّى لو كان جداً ضعيفاً، ودائماً اتبع النور حتَّى لو كان خافتاً، وبطريقه للاحتضار، فأحياناً يولد الأمل في آخر لحظة، وأنت على حافة الانهيار، اللحظة التي يموت فيها كل شيء ويبدأ اليأس بمهمته.. تحيا في جوانب أخرى مليون لحظة لتعيد بناء ما تلف، ومات برسمة خلابة رائعة، وبجرعة ممتلئة بالرضا والراحة، وكل ذلك بشكل مضاعف.

- قبل الخوض بشيء ما، اجعل صورة لنتيجته أولاً، وما إن كان يناسبك أم لا.

- التخزين من جميع النواحي غير مرغوب فيه إطلاقاً، حرره، لكي تعيش براحة تامة.. مشاعر حب، بغض، مال... إلخ.

- لا تتغزل بامرأة ليست لك، ولا تتغزلي برجل ليس لكِ.

- العاجز عَن العمل بالنصيحة فهو الناصح غالباً.

- الحب حرب طويلة نهايتها جنة أو نار.

- إذا رأيت نفسك تخون بلا سبب أو مغزى فأنت مع شخص لا يستحق إخلاصك.

- الدنيا أكبر عدو للإنسان، إما أن تقتله أو أن يقتلها.

- ليس كل من يحب، يعرف كيف يحب.

- انقرض الحب لدرجة أنه أصبح من السخافة التحدث به.

- لا تعِش بلا هدف، وإذا عشت فعِش لمن تحب.

- اِحرص على انتقاء الأصدقاء؛ لأنهم هم الملجأ الدافئ وقت الصعاب والحزن.

- عندما تعاني فأنت تحب.

- لا تقلل من شأن ذاتك بالتقليد.

- لا تنجرف بجمع المال وتنسى الحفاظ على روح تبقى معك بشيخوختك وحتى لو لمْ يبق معك المال.

- لا تتأمل كثيراً بشخص يقول فقط نعم، وليس له رأي.

- حتى لو لمْ تكن موهوباً، اِصنع من نفسك الموهبة فلابد أن تكون جيداً في شيء ما.

- لا يوجد بالحب كرامة أو كبرياء، أو شيء من هذه الأشياء التي تكون جداً رخيصة بجانب الحب.

- الزواج التقليدي صفقة مثمرة ومصلحة متبادلة لدى الزوجين.

- لا تعش الحياة على أنها أبدية، فهي مؤقتة، وأدرك نعمة اللحظة.

- حكمك على الأمور هو مرآة لعكس ذاتك.

- غضب الشَّخص يفصح عَن الكثير من حقيقته.

- الإلهام أجمل أنواع الحب.

- النسيان أكبر نعمة للأغبياء.

- من بالقلب.. بالقلب لا يُنسى، وينمو حبه مع كل نبضة قلب.

- التأمل في من تحب أجمل حقيقة.

- العشق ترجمة معقدة وصعبة، لذلك من النادر وصفه.

- الذي يحب لا يكره أبداً، وإذا كره فهو لمْ يحب أصلاً.

- الأنثى القوية والعفوية والواضحة هي أصدق الإناث، والأنثى البلهاء أكثرهم زيفاً.

- في كل الاحوال لا توجد جريمة بدون أثر.

- افعل في كل ما تحبه أو لأجل ما تحبه المستحيل لكي لا يكتب الرحيل.

- الإدراك شعور صعب إذا جاء متأخراً.

- التجاهل كالخيانة؛ إذا حدث مرة فسوف يحدث ألف مرة.

- أحياناً النصيب لا يكون بالزواج فقط؛ بل بالحب أيضاً.

- أي شيء أو شخص يفوق نطاق المُبَالغة فهو مزيف.

سرحت بغموض عينيك التائهة.. وسرحت بنفسي التائهة
أيضاً، هل ستكملني أم ستؤلمني.
وجدت صورك بكل مَكان تتسلط عليها عيني.. ولا أعرف
قلبي إلى أين يأخذني.
وكأن الحياة بك.. ولك وحدك.. و أنا لا أستطيع الانتظار
لأصل إليها وتغمرني...
أنت العبير الهادئ الذي أستيقظ به.. والحلم الواقعي
الجَمِيل عندما توقظني.
نعرف أنا و أنت، أن أرواحنا دائماً تلتقي، ونتبادل
السعادة ولا نكتفي.
وكأن حواسي لا تعمل إلا بذكراك، وملامحك المشوقة..
و أيضاً لا أكتفي.
سئمت الحياة لأنها حياة بلا حياة قبل أن نلتقي
الآن.. لمْ أعد أنتظر.. المنتظر كباقي البشر فالذي يشعر
به كلانا بإيماننا به لن ينتهي.
أحبك بحلوك ومرك وبغموضك ووضوحك وبكل خطوة
و أثر، وجزء منك ظاهر لا يختفي...

113

النصح

أن تنصح شخصاً هو شيء جَمِيل جداً.. أنت تحبه، أو رُبَّمَا لا تريده أن يشعر بما شعرت به من ألم.. أنا فعلاً لا أحب النصح، ولا أحب العمل به، لأنه ليس مجدياً حقاً لبعض الأشخاص؛ بالرغم من أنني أستخدمه لكل من أحبهم وأثق بهم، واستخدامه الأهم لمن يحبونني ويثقون بي أيضاً، وأن يأخذوا نصحي وكلامي على محمل الجد، وأن يفهموه جيداً ويقدروه حق التقدير...

الأخذ ببعض الآراء، والاستشارة، أو حتَّى النصح من أصدقاء، أو العائلة شيء رائع جداً، وشعور دافئ يحتويك بالاطمئنان والحيوية لفعل هذا الشيء أو عدم فعله، ولَكِن احرص دائماً في النهاية على فعل ما يقنعك ويريحك من كل الزوايا...

أسلوب الناصح له دور كبير وعميق بكل معنى.. انصح بلطف وبهدوء وبخوف على من تحب وبحذر أيضاً من مشاعر،

انصح وكأنك تتحدث مع نفسك بتأنٍ ولطف وحب ولا تنظر أو حتَّى تنتظر بإلحاح...

بالنِّسبة للنصح الآن، وخاصة في هذا الزمن، وبين هذه الأجيال الغريبة، يصبح النصح غير نافع وصعب الإدراك.. بعض الأشخاص يتقبلوه بكل صدر رحب ومحبة، ويكون مفهوماً ومجدياً وهذا نادراً، لأن الأغلب لا يتقبله ولا يفهمه أو حتَّى يدركه... رُبَّمَا حجته تكون هذه العبارة: "شيء لمْ أجربه كيف لي أن أعرفه أو حتَّى أشعر به؟".. رُبَّمَا نوعاً ما حجة منطقية، ولَكِن منطقيتها لا تكفي... أنت تنصح وتتحدث بانفعال شديد، وتحرص على تقديم النصيحة بكل التفاصيل وخاصة من ناحية الحب، وبالطَّبع تتحدث بقصص وتجارب مررت بها لتوقظ غيرك قبل فوات الأوان، وتراه بكل بساطة لا يصغي ولا يقتنع بما تقوله، وكأنك تقول قصصاً خرافية هذا الشَّخص أبداً لا يدركها ولا ينظر إليها حتَّى بخياله... وهذا النوع من الأشخاص يحب رُبَّمَا أن يقترب من هذا الشيء ويلمسه بنفسه ويعيشه، وأيضاً يتعلم بنفسه... وأنا دائماً أقول أن الحياة كفيلة بأن تربي جيداً، وأن الحياة دائماً تنتصر على هؤلاء النَّاس بدروس نافعة ومجدية، وما يوجد أفضل من ذلك مدرسة...

دروس مشتقة من قصص، مواقف، هجر، خسارة، ألم أو حتَّى من كلمات مكونة من حروف مهمة...

كل ذلك لا يتحقق إلا بالعبور بمدرسة أبدية، وهي الحياة.

طاقة المشاعر وتوزيعها..

عندما يتشتت انتباهك لأمر ما وهذا الأمر يزعجك جداً، ومهما كافحت لنسيانه فينتهي بك المطاف إلى نقطة البداية بهذا الأمر مرة أخرى.. شعور مزعج، وأحياناً قاتل.. كيف تتخلص من هذا الشعور، وكيف تنظر إليه، وكيف توزع ما بك من طاقة...؟

في كل العلاقات توجد انحرافات غير معرفة غالباً، وأخرى منسية، وأخرى غير مرئية من قبل الأشخاص الذين نحبهم ونسعى دائماً لإرضائهم حتَّى لو لمْ يقوموا بالعطاء المتبادل وكأننا نعيش بهم فقط.. العلاقات بشكل عام معقدة ولا تخلو أيضاً من العقد....

بالرغم من أن الإنسان ضعيف جداً لأسباب كثيرة، وأولها أنه يعيش بالدنيا.. أي الشيء المؤقت والامتحان الأبدي له إلى أن يموت، ايضاً مهما فعل الإنسان ومهما زادت مَكانته أو القمة التي هو واقف عليها.. تراه يشعر بالنقص، أو الحاجة لشخص ما.. يشعره بالأمان، ودائماً يحتويه، ويكون هناك لأجله في أي

وقت وفي أي مَكَان.. ومن الأفضل أن تقوم باختيار احتياجك وأمانك قبل فوات الأوان، وقبل الوصول إلى هذه النقطة... أنت شخص ليس كاملاً؛ لهذا دائماً يوجد بمَكَان ما من يكملك.

البعض من الأشخاص مؤخراً والأشخاص الذين لمْ أعرفهم جيداً يمارسون التركيز كثيراً بكل أنواعه، ومنه الإيجابي والسلبي، ومنه التافه ومنه القيم... ومن جهة العلاقات والحب وما إلى ذلك وجدت أن أغلب الأشخاص يركزون على أمل ضعيف بعلاقة مع شخص مفقود منه الأمل وكل هذا التركيز فقط لهذا الشَّخص وهذه العلاقة... كل ما زاد التركيز زاد الاكتئاب... لأن طاقة هذا التركيز غير موزعة، بل هي فقط لشخص واحد، ولعلاقة واحدة، ومن الطبيعي جداً أن تسوء حالة هذا الشَّخص... هذا الشَّخص كل ما زاد تركيزه زادت معاناته... وفي نفس الوقت زاد أمله الضَّعيف لهذه العلاقة اللا أمل لها... ليس عدلاً أن كل الطاقة التي به والتركيز يكون لشيء واحد.. بالرغم من أن نتيجة هذه العلاقة واضحة، وهذا التركيز سوف يكون قاتلاً.. لهذا يجب توزيعه بطرق كثيرة ومتعددة، وطبعاً الشيء المعتاد والمتوقع هو أن هذا الشَّخص يقضي وقته بالعمل إذا كان لديه مهنة ما، وإذا ليس لديه إذاً يجب أن يبحث عَن وظيفة تشغله وتشغل وقته لكي لا يركز كثيراً على هذه

العلاقة وما إلى ذلك... أن تشغل وقتك دائماً هذا سوف يجدي نفعاً، ولَكِن من الداخل يجب ألا تنظر لهذه العلاقة، ولا تنتظر شيئاً منها، وتجعل تركيزك فقط باللحظة وبالأنشطة المتعددة التي تمارسها الآن فقط... ماذا سوف تفعل لتتخلص من التركيز بشيء واحد؟ تشغل نفسك بوظيفة ما، تمارس جميع هواياتك التي تحبها، تصنع أو تجرب شيئاً جديداً لمْ يسبق لك تجربته حتّى لو كان سخيفاً، الذهاب في رحلة مع الأصدقاء، القيام بالأعمال الخيرية والتبرعات والكثير من الأنشطة المختلفة.. كل ما هو حولك أنت تستطيع استغلاله والتمتع به ونسيان نفسك قليلاً للاستمتاع بالحياة... أي بمعنى اِجعل توزيعك كثيراً لأشياء متعددة ومتجددة أيضاً... وزع كل ما بداخلك من طاقة لأمر ما، وستجد أنه كل ما بداخلك بدأ يعيش وينبض، وترى أيضاً الألم والانزعاج بدأ يتلاشى، وفجأة تجد نفسك تعيش اللحظة فقط... اللحظة التي تبدأ كل مرة ببداية تركيز ونشاط ما.. تنتهي من تركيز وتتحمس للتركيز الآخر لتنهيه، أيضاً وتبدأ بالآخر... وهذه هي الحياة الطبيعية، والتي يجب على كل روح أن تعيشها... لا تركز وتنظر لشيء واحد فقط، من علاقة أو جرح أو ألم أو مشكلة معقدة أو خذلان لا يكف عَن النزيف، وبالرغم من أن الأمل شيء رائع، ولَكِن لا تركز على أمل من علاقة أو شخص هو

ميت أصلاً، وامضِ قدماً بحياتك، وكل يوم اصنع تركيزاً جديداً، واستمتع به... وكل مرة تشعر بالانزعاج من أمر ما، فقط لا تركز عليه هو فقط.. حتَّى لو كان التركيز لهذا الشي الذي يزعجك مع الأشياء الكثيرة، فلا بأس بذلك طالما أن تركيزك لأشياء كثيرة وليس لشيء واحد... عدِّد ونوِّع لطاقة هذا التركيز وسوف تكون بخير...

ملاحظة: لا تعد إلى الوراء إذا امتلكك الكسل وأصبحت طاقتك فقط لشيء سلبي أو شخص لا يستحقك، والأمل منه غير مرجو.. ما انتهى فقط انتهى، وكل النهايات تنتمي للماضي.

أسياج أبراج

معرفة هوية من تتحدث معه فقط من برجه.. ولا يعني أننا نحكم عليه بالأكيد... هو فقط ليس بالضروري رُبَّمَا بعض الأشياء تعتمد عليك... نحن لا نحكم.. نحن فقط نشبع فضولك بالاطلاع عليها... فالأبراج لا تنتمي إلى حقائق علمية مثبتة، صنعت من وحي الخيال البشري، فهي ليست حقيقية، وتعتبر من عالم الخرافة والخيال.

برج الجدي (برج ترابي)

December 22- 19 Jan

عملي جداً، لا مبالٍ لما يحدث حوله، رقيق القلب بالرغم من أنه لا يظهر ذلك كثيراً، ودافئ، محافظ، واقعي، برج تقليدي ويحب العائلة ويحب أمه كثيراً حتَّى لو لمْ يظهر مشاعره أو حبه العميق لها فهو يحبها، غريب وتصرفاته غريبة أحياناً، مرح ويحب الضحك بالرغم من أنه جادٌّ غالباً وتفسيرات وجهه مبهمة، واثق ويحب تحديد أهدافه، وهذا أكثر بالنِّسبة للمرأة الجدي أكثر من الرَّجل، بينما الرَّجل لا يستطيع تحديد أهدافه بسهولة بسبب اختلاف طرقه الغامضة والمجهولة التي تنتهي به إلى نتيجة صعب أن يقرر بها أهدافه...

رجل الجدي يحب اللهو كثيراً، ويحب التعلم كثيراً أيضاً، وصمت فضوله يجعله مغامراً للحياة رغم هدوئه. الجدي بصفة عامه رائع، وشخصيته جذَّابة جداً ويحب الأصدقاء الذين

يشبهونه من ناحية التفكير والعقلانية والجنون بنفس الوقت. صادق حتَّى بعفويته، مثابر، كتوم، رومانسي وعاطفي بلمسه عقلانية... متشائم ولَكِنه ذكي بعدم إظهار هذا الشيء... يحب التغيير.

برج الجدي خلاق ويحب أن يكون دائماً في القمة، وله ظهور قوي يجعل كل من حوله يصمت ويشعر بهالته الساحرة...

في الحب: متملك قليلاً وغيور.. حنون.. كريم.. مخلص، ولَكِن متقلب في مشاعره أحياناً؛ لأنه غريب وحاد الطباع.. هذا البرج لا يحب في سن مبكر، وإذا أحب فغالباً يفشل، ولهذا هو يتأخر في الارتباط.. ولَكِن إذا أحب وشعر بالأمان والراحة.. لا يتراجع أبداً.. هم في الحب يجب أن يقتنعوا ثم يحبوا.. أي قناعةٌ ثم حبٌ وليس العكس.. وإذا عشق يحب التأمل بمن يحب.

يوجد جدي محافظ وأكثر عقلانية، وأهدافه محددة غالباً، ويوجد الجدي الغير محافظ الذي من الصعب له تحديد أهدافه، ولا يكترث للعقل كثيراً، فقط يحب اللهو قليلاً.

الجدي يحتاج الاستقرار والقناعة في من يحب.. ويحرص على أن ينتقي شخصاً يفهم تفكيره ولا يجعله يعاني كثيراً ويحب أن يكون هو المسيطر بالطَّبع.

الجدي متهور قليلاً، فلا بأس من أن الشريك يتهور معه ويشاركه.

يحب الشريك الذي يحدد هدفه، ويكون مستقراً بعاطفته وتفكيره.. يحب أيضاً القوة في الشَّخص، أي لا يحب الضعفاء بالرغم من أنه ضعيف أحياناً، ولَكِن كما ذكرت من قبل، فإنه يخفي ضعفه وتشاؤمه، وذكرنا التشاؤم لأنه بالنِّسبة له مصنف من الضعف...

المظهر الخارجي لبرج الجدي..

غالباً ما تكون ملامحه حادة وواضحة حتَّى بالجمال، ترى أن جماله واضح وليس مبهماً، ونظراته حادة وثاقبة، دائماً تكون أجسامهم صغيرة جداً، أو العكس، كبيرة جداً ومليئة بالعضلات بالنِّسبة للرجال، أو بطول القامة وهكذا.. ولَكِن النساء منهم تمتلك العظام الصغيرة والأجساد أيضاً، تراهم دائما وكأنهم يرتدون غطاءً بحرص، أي بمعنى لا يبرزون مفاتنهم بسهولة، رُبَّمَا لا يحبون ذلك بما أنهم محافظون.

أصحاب هذا البرج، لا يحبون التكشف كثيراً، وبالنِّسبة للأنثى من هذا البرج أيضاً، أحياناً تراها تبرز أنوثتها قليلاً، ولَكِن

من المستحيل أن تلمح حتَّى ولو شيئاً بسيطاً من مفاتنها.. الحب عندهم بالقناعة والعقل غالباً...

برج الدلو (برج هوائي)

Jan 20 - Feb 18

محبوب وله شعبية واسعة، إنساني، ذكي، حساس، حكيم، مبتكر، غير تقليدي، له طريقة مختلفة تماماً عَن الآخرين، لا مبالٍ وبارد، ذو حدس قوي، مستقل، خلاق، حضوره دافئ وحنون، عنيد، له طلة مبهرة وساحرة، موهوب، مستمع جيد، ساخر وينظر للأمور بطريقة مختلفة وغريبة، أجمل صديق للدعم والتفاؤل، غريب ويحب التغيير، يحب الحرية، يحب اللا حدود بكل شيء، صادق، غامض وتصرفاته غير متوقعة...

هناك نوعان من الدلو، النوع الخجول والهادئ والرومانسي والذي تراه يكتب الشعر وتراه يتغزل بمحبوبته ولا يهتم لآراء الناس، والنوع الآخر الذي أيضاً يمتلك نفس الصفات التي ذكرناها، ولَكِن مع المزيد من الجراءة والسخرية والعفوية المفرطة، وترى العفوية كثيراً في المرأة الدلو...

أما الرَّجل أكثر دهاء وأكثر سخرية، متأملٌ جيد، فالحذر للفتيات منه.

برج الدلو كتوم ولا يحب البوح بمشاعره، وإذا فعل إذاً ليس بسهولة، يحب العيش بالعقل أكثر من القلب، ويحب الحياة المليئة بالمغامرات والمخاطرة. تشدهم الأشياء الغريبة والغير مألوفة.

يتأثر هذا البرج بكوكب أورانوس الذي يولد لديه التغيير وحب التجديد والتصرفات الغير متوقعة، والمفاجآت. الدلو قريب من الجوزاء، فهو يحب الحوار والنقاش والمناظرة وهو عبقري وملاحظ جيد، سواء للناس أو التصرفات.. معروف أن هذا النوع هو من العظماء والعباقرة...

في الحب مجنون، وله طريقة مختلفة بإظهار هذا الحب، يؤمن بالفعل أكثر من الكلام. ينظر للفعل أكثر. يخاف على قلبه؛ لهذا يستخدم عقله أكثر.. في الحب يعرف كيف يحمي قلبه جيداً، ولهذا إذا أعجبت به فيجب أن تبهره بأفعالك.

لا تملِ عليه ما يجب فعله أو قوله؛ فهو لا يحب ذلك، ويجب أن تدرك كم هو عاشق لحريته ومملكته الخاصة.. يحب أن يلجأ لعالمه الخاص ما بين الحين والآخر.. يجب احترام استقلاليته وعدم القلق للأسباب؛ لأنه هو هكذا بطبيعته.. لا يحب

الالتصاق للمحب تماماً، ولا يحب البعد تماماً، رُبَّمَا يفضل الاعتدال. يحب أن تحبه كما هو، وأن تقع بحب طبيعته المجنونة والغريبة والعبقرية بنفس الوقت.. ويشعر بالأمان أكثر لمن يتحمله بكل ما يبدر منه، وما تولده الغرابة الخالدة به... يحب الإخلاص بما أنه مخلص جيد، إلا إذا أعطيته سبباً ما لعدم الإخلاص، فهنا تختلف الأمور.. يحبك ويثق بك وسوف يترك لك الحرية التامة لفعل ما تشاء ولَكِن لا تعطه سبباً لكي لا يثق ويخلص لك... لأنه إذا حدث فسوف ينتهي الحب، ولا تفكر بتجديد الأمل... على من يعجب به أو يحبه أن يصادقه؛ لأن الصداقة شيء أساسي وعظيم بالنِّسبة له، وتشعره بالراحة والأمان وعدم إخفاء بعض الأمور.

كوني صديقة مميزة، وحبيبة بنفس الوقت، ولَكِن عيشي الصداقة معه أكثر إذا أردتِ أن تصلي إلى قلبه أو قلبها.. كامرأة الدلو.

الشكل الظاهري لبرج الدلو..

هذا الشَّخص.. حامل الماء.. المليء بالإنسانية، والحنون والمجنون بذات الوقت، والذي لا يكف عَن العطاء مهما صعبت ظروفه، ومهما كثرت عوائقه، يبدو المظهر الخارجي لهذا

الشَّخص بالقليل من الامتلاء، ورُبَّمَا يأخذه من الماء وليس بالضروري أن يكون بديناً، لا بالطَّبع، إلا إذا كان هو بالأصل بديناً، يكون جسمه مائلاً إلى الوسطية، أو العرض من الأعلى، وإذا بدا بالعكس يكون كالمنحوت تمام.. أجسامهم تكون رائعة وجذَّابة، وغالباً ما يكونون من أصحاب الأجسام الرياضية.

البعض منهم الذي يكون مهووساً بالرياضة.. وهكذا، عندما يمشي هذا النوع من الأشخاص تراه دائماً ينظر للأسفل... رُبَّمَا الآن الكثير منكم يقول: آه، نعم! كلنا ننظر للأسفل! بالطَّبع ولَكِن هو مختلف فهو ينظر للأسفل بينما هو يمشي بلا مبالاة تامة وكأنه لا يرى من حوله، وأيضاً لا تندهش إذا ابتسم للأرض.

يمتاز بالعيون الجَمِيلة بلا تحديد رسمتها أو حتَّى شكلّها فبالنهاية لابد أن تكون جَمِيلة، عيون جَمِيلة غامضة، وأحيانًا تكون وكأنها جَمِيلة أيضاً ولَكِن نوعاً ما ليست نقية تماماً ومخيفة بعض الشي، ولَكِن هي ليست مخيفة من ناحية الشَّخصية، رُبَّمَا المظهر فقط، تكون حركات جسده عفوية وغريبة جداً وبالطَّبع غير متوقعة.

مثال: تكون برفقة هذه الشَّخصية ويصدر منها تصرف غريب وكأنه فجأة يترك المكَان الذي تكونان به معاً، أو يفسر

شيئاً بطريقة غريبة، أو حتَّى أنه يصف شخصاً ويشبهه لشي غريب جداً.. وهكذا.

برج الحوت (برج مائي)
Feb 19 - March 20

خيالي وحالم، حنون، رومانسي وذو حس مرهف وحساس جداً، غير واقعي، ويحب العيش في الأحلام، يحب العطاء بلا حدود، غير حذر بعلاقاته، ومتسرع ويعطي الثقة بسهولة، ولهذا ينتهي بالخيبة غالباً، أي أنه ليس كل شخص يستحق حبه وثقته.. هذا الشَّخص عاطفيٌّ جداً، ولهذا أحياناً تراه ضعيفاً، وينكسر بسهولة.. وأحياناً بسبب مبالغته في بعض الأمور، وخاصة الحب، يتهم بالكذب.. أو رُبَّمَا الكذب فعلاً ملتصقٌ به، يتأثر بكوكب الوهم والخيال، لديه وهم بشكل مفرط، لهذا يختلط عندهم الواقع بالوهم، والعكس وهكذا، خياله يساعده على بناء فن راقٍ في أي مجال، وخاصة المجال الموسيقي، متفتح العقل، ومتفاهم جداً، طيب القلب، ويشعر من حوله بالارتياح، بسيط، لا يهتم كثيراً لآراء الآخرين، وأحياناً ينسى نفسه أيضاً...

هذا الشَّخص في الحب: يحب الدعم من الحبيب والقيادة أيضاً.. لا يحب أن يسيطر هو على زمام الأمور، ويوكلّها للحبيب.. هذا الشَّخص يحب أن يكون محبوباً بشكل كبير ومفرط، وواجب وجود الحبيب دائماً بجانبه، وإن لمْ يكن فسوف يبدأ بالبحث فوراً ومن غير أي إدراك.. فالحبيبة تكون له كالأم ولو فقدها ولو للحظه ضاع بدون إدراك.. والمرأة من هذا النوع أكثر جنوناً وعقلانية، وأحياناً تكون سليطة اللسان وهي تراها من بعيد جذّابة، ومن قريب أقل جاذبية، ولَكِن أنوثتها رائعة...

الشكل الظاهري لبرج الحوت..

هذا الشَّخص عادة لا يستطيع العيش بدون ماء، وهذا الماء بالنِّسبة له هو المشاعر والعاطفة التي يكون أساسها الحب الأبدي، والأحلام اللا منتهية...

يبدو هذا الشَّخص كالحوت، أي بمعنى شكل السمكة... من رأسه حتَّى قدميه، يكون وكأنه مثبت على قاعدة، قاعدة رأسه كقاعدة قدميه، كالسمكة تماماً..

كل القاعدات عريضة، ويكون حتَّى مشيته متمايلة قليلاً بالرغم من هذه القاعدة، وجهه يكون دائرياً أو الأقرب إلى البيضاوي، وأحياناً يكون طويلاً، ولَكِن طوله واضح ومفرط.

برج الجوزاء (برج هوائي)

May 21 - Jun 20

ذكي، متجدد دائماً، سطحي أحياناً، حيوي واجتماعي، ساخر ومرح، متعدد الشَّخصيات، غير مستقر باللحظة أي بمعنى كثير التغير، سريع التفكير وسريع الاتخاذ للقرار وهذا يجعل حظه عسيراً أحياناً؛ لأنه لا يفكر بنتيجة ما يفعله فهو مغرم باللحظة ولا يستخدم كلمة لا لأي شيء يرغب به بشدة، أو وجد نفسه فيه، مثقف وواعٍ وأيضاً عقلاني، متسرع بأمور الحب، يحب نفسه كثيراً لدرجة أنه لا يهمه عاقبة ما يفعله حتَّى لو على حساب أشخاص آخرين.

تصرفاته مفاجئة ولا تتصف بالاستقرار بالرغم من أن هذا الشَّخص ذكي ومفكر جيداً، إلا أنه أحياناً يفقد سيطرته على الامور لأنه لا مبالٍ للتفاصيل، فهو يحب المضمون والمضي قدماً بكل قوة وثقة.. مضطرب أحياناً، وأيضاً يوجد به غرابة جذَّابة، يحب الحرية كثيراً، وكما ذكرنا سابقاً؛ التغيير أو التجديد، فهو يتنفس هذين العنصرين، مستمع جيد بما أنه يحب النقاش

والحـوار، صـديق وناصح جيد، مستقل، مندفع، جذَّاب
ورومانسي، هادئ بشغف.

في الحب: ترى هذا الشَّخص بالحب رائعاً وجذَّاباً وواثقاً من
براعته في هذا المجال.. متهور بمشاعره، وينجرف في علاقاته بلا
حسبان للعاقبة.. إذا أحببت هذا النوع من الأشخاص يجب أن
لا تجعله يشعر بالملل، وحاول التجديد بكل شيء... الجوزاء لن
تستطيع أن ترى اللون الحقيقي له وما هو داخله، ولن يظهره،
لهذا سوف تجد الصعوبة بالتعامل معه، أو حتَّى فهم طريقة
تفكيره؛ لأنه ذكي جداً، وصعب أن تجذب عقله، أو حتَّى تعير
انتباهه.. وإذا يوماً ما اهتميت بشخص من هذا البرج حاول أن
تثقف نفسك أكثر وتعرض عليه هذه الثقافة بالنقاش والحوار
اللا منتهي، والمسلي أيضاً بطريقة ذكية...

اجذب عقل الجوزاء قبل قلبه.. وأصحاب هذه الشَّخصية
أغلبهم يكونون متهورين وأصحاب نزوات كثيرة، ولهذا السبب
يجب من يهتم لأمرهم أن يفهم ذلك جيداً، أو أنه يملأ كل هذه
النزوات والملل والثقافة المسلية والغريبة في ذات الوقت... مزاجي
جداً، والمزاج يتحكم به بشكل كبير، أما أن تكون العلاقة ناجحة
جداً أو هشـة جداً وكلّه معتمد على مزاجيته... كوكب المريخ،
يولد صفة اللاعب لديهم بعض الأحيان، والتناقض الغريب،

وهذا يعني التعادل من ناحيتين: من ناحية الذكاء والجمال، ومن ناحية التلاعب والتهور... والحذر جيد بالرغم من روعة هذا الشَّخص المتنوع والشيق.. عندما تتعامل معه.. كن غامضاً قليلاً، ولا تكن واضحاً لكي لا يمل ويبحث عَن تشويق آخر.. الغموض يثير اهتمام شخصية الجوزاء...

الشكل الظاهري لشخصية برج الجوزاء..

هذا البرج المليء بالغموض والإثارة غالباً يكون كبير العين، أي أن الرسمة من داخل العين، أي بمعنى يكون بؤبؤ العين أكبر بقليل من المعتاد أيضاً، لهم شفاه غليظة بنسبة ليست كبيرة، وتكون أوجههم ممتلئة من الخد، لديه جمال ظاهري جداً في الوجه، وكأنه السكر من أعلاه إلى أسفل قدميه، تشبيه غريب ولَكِن فعلاً هم هكذا، ويكون الجمال الظاهري أكثر، وظاهر بالرجال أكثر من النساء، سلاحهم المعتاد: "كيف يكون مظهري جذَّاباً وساحراً".

برج الميزان (برج هوائي)
Sep 23 - Oct 22

ذكي، متزن، يحب العدل، مستمع جيد، دبلوماسي، اجتماعي، رومانسي جداً، ولَكِن لا يجيد البوح بمشاعره أحياناً بالرغم من أنه يجيد الكتابة، يحب نفسه كثيراً، وكريم مع نفسه أكثر من كرمه مع غيره، اقتصادي، متردد، يجيد الحوار والمناقشات، مسالم، هادئ وبسيط، ذوقه صعب حتَّى بالعلاقات، دقيق ومرن، يحب الجمال وكل شيء جَمِيل، طموح وجذَّاب، ساخر ويرى الأشياء بطريقة مضحكة، يمل بسرعة، ويكره الروتين، مغرور بعض الشيء، أو شديد الغرور، يعرف كل شيء، أي بمعنى أنه "مستر رايت"، حدسي، أحياناً لا يحب مواجهة بعض الأمور والحقائق.. فقط يفضل الهروب...

في الحب: رومانسي جداً، ويحب الرومانسية أي يتحدثها بكل حواسه، ودائماً يكون عنوانه السرحان أو التأمل أو رؤية أشياء متصلة بالرومانسية...

لكل فتاة أعجبت برجل من هذه الشَّخصية، عليكِ بالرومانسية، وأيضاً كوني مبدعة وخلاقة بها، بالنِّسبة للمرأة

عكس الرَّجل قليلاً، فقط قليلاً، أي أنها لا تهتم كثيراً لهذه الأشياء، رُبَّمَا لأنها جَميلة جداً.. من يعرف؟!

الأنثى من هذا النوع جَميلة جداً، وأيضاً شخصيتها رائعة، كل ما ذكرناه بالإضافة إلى أنها مدللة وصعبة الإرضاء قليلاً، وذكية جداً، تعرف كيف تختار الرَّجل بعقلانية، وأيضاً باختياراتها...

هذا الشَّخص، يحب التوازن بكل شيء، وطبعاً أمور الحب، وأحياناً يكره أن يخسر هذا التوازن بسبب أنه دائماً يسعى للمثالية، وأنه دائماً على صواب، وينتهي به المطاف لفقدان هذه الموازنة، والعودة إلى منتصف الطريق من جديد.. أي أنه عندما يحب شخصاً ما.. يسعى لأن يكون إنساناً أكثر مما هو عليه.. ويجعل من نفسه شيئاً مضاعفاً، وينجح في ذلك لأنه يتقن التصنع بحجة الوصول إلى الصواب أو المثالية.. مما يجعله في العلاقات لعوباً أو منافقاً.

يحب الجمال، فيجب أن تكون الشريكة جَميلة بمظهرها وبعقلها، فهو يطمح للاثنين... التعامل معه سهل جداً رومانسية وأنوثة وجمال، والأهم أيضاً النضوج في الكلام والبعد عَن التصنع والمُبَالغة.. فهو يكره المُبَالغة بكل شيء، ويستطيع كشف من يتحدث إليه بسهولة، ويجيد تعريف النَّاس وأنواعهم...

أحياناً يقول أشياءَ لا يعنيها، ويعني أشياءَ لا يقولها! نعم ينطبق عليه هذا السَّطر جداً.. غِذاء هذا الشَّخص الكلام الجَميل، فأذنه مستجيبة لكل ما هو جَميل، لا يستوعب أخطاءه، ويرى نفسه دائماً على صواب، لهذا من الجيد التصحيح له حتَّى لو لمْ يستجِب، ولَكِن بالحب إذا كان يحبك سوف يستمع ويطيع، ولَكِن بعد الكثير من الجهد.

المظهر الخارجي لشخصية برج الميزان..

هذا الشَّخص غالباً ما يكون طويل الوجه، وذقنه بارزة، وبالطَّبع يتصفون بالعيون البراقة، والتي تكون بنفس الوقت وكأنها مدفونة، أو شيء من هذا القبيل.

ولَكِن بالنِّسبة لنساء هذه الشَّخصية عيونهن تكون جَميلة وبراقة، وشعرهن طويل، أي يحبون الشعر الطويل والمسدل، وبالطَّبع رُبَّمَا ليس الكل، ولَكِن الأغلب منهم، يكون عندما تراه في مَكَان عام وكأنه منومٌ مغناطسياً، أو سارح بشيء ما، رُبَّمَا رومنسيتهم جعلتهم هكذا وكأنهم يمارسون رومنسيتهم مع العالم كلّه، أو مهيؤون لذلك.

برج العقرب (برج مائي)

Oct 23 - Nov 21

جذَّاب، غامض، يحب الاكتشاف والبحث عَن كل ما هو غريب وغامض، ذكي جداً، وملاحظ أيضاً، ولَكِن غالباً ما يتظاهر بالغباء أو عدم المعرفة، حنون ورومانسي، ذو مظهر أنوثي جداً بالنِّسبة للمرأة، والرَّجل أيضاً، أي بمعنى الرَّجل أقل أنوثة، ولَكِن يوجد بنسبة قليلة، متحدث جيد ومثقف، متجدد وحيوي، مرح ويحب الضحك، وفي ومحب صادق لمن يستحق ذلك وصبور أيضاً.. منتقم بعض الشيء؛ خاصة إذا سلبت منه شيئاً من مملكته الخاصة، كشخص يحبه وهكذا.

بسبب رومنسيته الغريبة والمختلطة بالغموض وعدم التعريف يكون هذا الشَّخص قوياً وضعيفاً بنفس الوقت! أي أنه قوي من الخارج، وهش من الداخل، ولَكِنة بشكل عام يتسم بالقوة والحضور الذي يفرض الحب والاحترام.

في الحب: بما أن هذا الشَّخص غريب ومختلف وغامض وأيضاً يحب أن يكتشف دائماً، أي أنه في العلاقة يحب أن يكون غامضاً لمن يحب، ويحب أيضاً أن يكون الشريك غامض

بالنِّسبة لديه أيضاً، وكلما زاد الغموض زاد عمر العلاقة... هنا لا نتكلم بأن الشريك يجب عليه أن يكون غامضاً بطريقة مخفية، أو داعية للشك، لا طبعاً.. الغموض بطريقة ذكية وصحيحة وغير مخيفة.. بمعنى أنك لا تكن واضحاً جداً، ولا غامضاً جداً ولا تتحدث بكل شيء، اترك بعض الألغاز والأمور المبهمة لكي يستمتع بها هذا الشَّخص...

كن حريصاً على الوفاء والصدق لهذا البرج؛ لأنه يعاني من عدم الثقة، لا يثق في أحد بسهولة، لذلك إذا أردت ان تنال ثقته، اسعَ إلى أن تكون صادقاً ووفياً مثله، وإذا لمْ تكن كذلك.. رُبّما سوف ينتقم ويذهب بلا رجوع، أو بالأحرى لا ينتقم، ولَكِن يأخذ كل مستحقاته بكامل قناعته...

أحياناً صعب على الشريك أن يفهمه، ويعتقد أنه يتلاعب به بعض الشيء، ولَكِن هذا ليس صحيحاً.. هو عفوي بحبه بسبب هشاشته الداخلية، يصاب بالاضطراب، ولا يستطيع تحديد هدفه المباشر في العلاقة... أيضاً صفة مهمة لمن تحب هذا النوع من الأبراج... هو لطيف جداً لدرجة أنه لا يستطيع أن يقول لا لأي فتاة... إذاً هل هي لطافة فعلاً أم عذر للتعرف على كثير من الفتيات...؟!

وأيضاً المرأة.. بسبب افتخارها بأنوثتها الخلّابة، يحدث معها نفس الأمر... أيضاً أحياناً، أو رُبَّمَا غالباً نرى أن أنثى هذه الشَّخصية لا تميز الحقيقة من الوهم في العلاقات العاطفية، تراها تصنع عالماً وهمياً لا يعيش به إلا الوهم، أو العالم الذي صنعته هي لها فقط، فاحذري يا أنثى العقرب، ولا تنجرفي بالوهم أكثر وأكثر.. حددي ملامح كل لوحة تنظرين إليها بجمال الواقع لكي تعيشي بسلام.

المظهر الخارجي لشخصية برج العقرب..

يكون أغلب هذا البرج متميزاً بالصلع بالنِّسبة للرجال، أي بمعنى أغلبهم. عيونهم تكون كبيرة أو متوسطة الحجم، نائمة تماماً، أو مستيقظة تماماً ومدركة لكل ما هو أمامها، تحمل القليل من الخبث والنقاء بذات الوقت، وأشكالهم وألوانهم كثيرة فقط مثل العقارب. عادة يكون لدى البعض من برج العقرب أصابع يد طويلة، وأحياناً تجدهم يمتازون بالطول مع القليل من الضخامة، والأكتاف تكون عريضة.

برج القوس (برج ناري)

Nov 22 - Dec 21

ذكي، يحب الحرية، صريح جداً وواضح، ناقد، اجتماعي، محبوب، يحب التملك وخاصة بالحب، متصنع بعض الشيء، غالباً يظهر عكس ما يشعر، يحب التحدث والاستماع، رومانسي، ذو حدس جيد، ذو حس فكاهي، يحب المغامرة والإثارة دائماً تراه متعدد الألوان، مباشر، يحب أصدقاءه، متجدد، فضولي جداً، ويتطلع دائماً للمعرفة لكل ما حوله وكل ما هو جديد، لا مبالٍ لما يفكر به المجتمع، شغوف ويحب أن يكون الأفضل دائماً، عملي ومنجز جيد، كريم ويحب عمل الخير ومساعدة الناس، داعم رائع وتراه دائماً منطلقاً بلا استسلام.

أصحاب الشَّخصية المائلة في الحب أو برج القوس:

أهم أمر لديه هو حريته بكل شيء، حتَّى في رأيه، وأحياناً هذا يجعله شخصاً من الصعب السيطرة عليه، أو حتَّى إرضاؤه.. أيضاً هو بسيط وواضح في علاقاته ويحب من الشريك أن يكون واضح ومستقيم معه جداً، لأنه هو

هكذا... أيضاً هو ذكي ولديه حدس عجيب، أي أنه صعب أن تخدعه، غالباً بالرغم من أنه إذا أحب بعفوية وبصدق من الصعب عليه إدراك ما إذا كان الشريك صادقاً أم لا، مخادعاً أم لا...

كل مرة يحب فيها هذا النوع من الأشخاص يصعب عليه رؤية الشريك بوضوح ورؤية مشاعره.. تكون الرؤية مشوشة قليلاً بسبب الحب الموجود في قلب القوس.. رُبَّمَا مقولة أن الحب أعمى ينطبق على كل من يحب، ولَكِن القوس أكثر.. بما أن برج القوس من الشَّخصيات المسيطرة، ولديها حب التملك للشريك، بالطَّبع يخضع أكثر لمن لديه السيطرة الأكبر منه.. ينجذب لمن لديه القوة والسيطرة أكثر منه.. هذا شيء مثير بالنِّسبة.. للرجل، مرح أكثر من المرأة من نوعية هذا البرج، وأيضاً ساخر أكثر منها.

الرَّجل أقوى ولا مبالٍ أكثر، أي أنه من الصعب خداعة، بل رُبَّمَا العكس، هو يكون مخادعاً أكثر لأنه لديه مهارات عديدة في هذا المجال، بالإضافة إلى أنه جداً جذَّاب، وبريء من الخارج تماماً؛ كالشَّخصية الحسية. أي مثل برج الحوت، إذا أعجبت بالقوس حاول أن تكون

بسيطاً ومتواضعاً، وافرض السيطرة أكثر منه، وبالطَّبع لا تسرق حريته بكل شيء...

هذا الشَّخص رائع، ولَكِن يحتاج القليل من الصبر... أغلب أصحاب هذا البرج بسبب تسرعهم بالعلاقات لأنهم دائماً منطلقون بلا حسبان، ترى نهايتهم تكون خيبة ظن، وكسر قلب، وموت مشاعر، لهذا الأفضل عدم التسرع، والتعلم، وحب الذات قليلاً...

الشكل الظاهري لشخصية برج القوس..

تكون أشكالهم عادة مائلة؛ انتماء إلى شكل القوس، أي بمعنى أنه لا بد أن ترى في جسدهم ميلاً غريباً، أو بالأحرى شكل القوس، حتَّى في النظر، لو تحدثنا عَن نظرة العين، أو شكلّها، تكون أعينهم مشوشة قليلاً؛ مع البعض من القلق، تكون مرة نقية بلؤم ومرة العكس، تكون ما بين النوم واليقظة، وتماماً كالأحصنة، كعيون الأحصنة ونظراتهم مثلها تماماً، وأحياناً حتَّى أشكال وجوههم أيضاً، يمتازون بنظرة غريبة من جهة واحدة، وفيها القليل من المكر، بالنِّسبة لهذا النوع من الأشخاص عندما يتواجد بمَكَان معين تراه ينظر كثيراً لكل الأشياء من حوله، كونه برجاً فضولياً جداً، إذا تراه دائماً، وفي أي مَكَان، كأنه يبحث عَن

شيء أو يحاول أن يكشف عَن شيء، ودائماً تكون عليه نظرة الذهول والاندهاش الغير مفهومة لأغلب الأشخاص المتواجدين حوله...

برج السرطان (برج مائي)
Jun 21 - Jul 22

حساس جداً، ذو حس موسيقي وفني، صادق ومخلص، يحب الجو العائلي والاستقرار، هادئ ويحب الهدوء مع أنه يفضل القليل من العزلة أحياناً لمراجعة يومه، مثابر وناجح، اقتصادي، يحب النساء كثيراً، وسوف يبتعد عنهم إذا وجد الشَّخص الكافي عَن كل هؤلاء النساء.

وبالنِّسبة للمرأة العكس، وتكتفي بحبها ولو كان من أول مرة، هي ضعيفة جداً بالحب، ورُبَّمَا يكون أول حب لها هو آخر حب، رومانسي وكلّه مشاعر، يتعامل بأغلب الأمور بعاطفته ومشاعره اللا محدودة، ذو طبع حاد وتراه سطحياً أحياناً، ولَكِنه ذكي ومفكر جيد، عفوي بطريقة مشككة، ورُبَّمَا تكون فعلاً هكذا، ساذج أحياناً وبريء، بسيط وموهوب بالجانب الموسيقي غالباً،

142

خجـول أحياناً، سـريع الغضب ولَكِن بصمت لأنه حسـاس جداً، مرح ويحب الضحك والسخرية حتَّى من نفسه، مزاجي ومتقلب أحياناً، ومزاجيته مفاجئة، يحب الإنصـات جيداً لأنه يبالي، ولأنه كلّه عاطفة ومشـاعر، ولهذا السبب هو يقدر كل موقف وكل كلمة وكل ذرة مشـاعر.. معبر جيد، وخاصة عندما يتعلق الأمر بالحب...

الشَّخصية المتقوقعة في الحب، أي شخصية برج السرطان بالحب..

عندما نسمع عبارة أن هذا المتقوقع كلّه مشاعر وتفاصيله وحديثه وحتى نظراته كلّها مشـاعر، ندرك أنه من السـهل التعامل معه والوصـول إلى قلبه، ولَكِن ليس ذلك حقاً، سـهل أن تتعامل معه وتشـعر بالإعجاب اتجاه تقديره للتفاصيل، وبعض الأمور المتصلة بالمشاعر والتي يظن البعض أنها تافهة ودرامية وهكذا، صعب على هذه الشَّخصية الانفتاح لك بسرعة، والحديث عَن كل شيء؛ فهو يكون حذراً وخجولاً في بداية العلاقة؛ بالرغم من أنه يحب الاهتمام والتواصل الدائم، ولَكِنه يفتقر للأمان العاطفني ويفتقر للثقة مِن قِبل الشريك الذي يكون معه، وكل

هذا بسبب حساسيته المفرطة، وطبعاً هو لا يحب الرفض أبداً ويخافه كثيراً، أهم عنصر لكل شخص أعجب بهذا الشَّخص الحساس أن يضع طاقة كبيرة من الاهتمام لأمه هذا النوع، إذاً سنقول أمه أمه ثم أمه، وأيضاً ثم أمه، هو أصلاً عاطفي ويتحدث بلغة المشاعر، فكيف لو أتى الأمر إلى أمه... شيء منطقي جداً...

برج السرطان يحب أمه كثيراً، حتَّى لو لمْ يستطع إظهار هذا الحب أحياناً، فهو موجود ومقدس جداً، ولهذا السبب لأي شخص يهتم لأمر هذا الشَّخص، فهو لا يرتبط فقط به وحده لا طبعاً، بل بأمه أيضاً... أي بمعنى أن أمه نصف المسافة إلى قلبه الدافئ الحنون المليء بالعاطفة...

ذكرنا أن الرَّجل من هذه الشَّخصية يحب النساء ويحب أن يصاحب النساء، ولَكِن إذا وجد المرأة التي تحبه بصدق سيكتفي بها.. أيضاً هو يحب التغيير كثيراً في المرأة من ناحية المظهر، أي كل فترة حاولي أن تغيري شيئاً من مظهرك، مثلاً كتسريحة شعرك، أو عدة أشياء بسيطة؛ لأن الرَّجل بهذه الشَّخصية يحب هذا التغيير بالمرأة، عنده حاسة غريبة تجعله يدرك رائحة أي خداع أو نفاق أو كذب، وطبعاً هو لا يغفر بسهولة، ويبتعد ويلجأ إلى قوقعته الخالدة بدون أي تراجع، وأحياناً يلجأ للانتقام

الغير مباشر؛ بسبب ألمه الغير متوقع؛ لأنه شخص حساس جداً، إذا أحببت رجلاً من هذا النوع؛ لا تنسي أن تحبي أمه أيضاً، ويكون من الأفضل لو أحببتِها أكثر منه، الأنثى من هذا النوع متقلبة كثيراً، وأحياناً قوية، وأحياناً ضعيفة، ولَكِن جرعة الضعف عندها أكثر من القوة؛ لهذا هي سهلة للوصول لقلبها، ولَكِن لا تجرحها وتبتعد عنها وأنت تعرف أنها تحبك... هي تحب الاستقرار وجو الأسرة أيضاً.. هي بسيطة وربة منزل رائعة...

الشكل الظاهري لشخصية برج السرطان..

هذه الشَّخصية تعتبر نوعاً ما مثل الشَّخصية الحسية، أي مثل برج الحوت من ناحية الحب؛ فهو لا يعيش بدونه أو بدون الماء الذي ينتمي إليه هذا الحب أو حتَّى هذه المشاعر، هذه الشَّخصية تتميز بعيون مدورة وحزينة ومائية طبعاً، أغلب المتوقعين لديهم ذقن منحوت وبارز وابتسامة رائعة وجذَّابة، والبعض ترى لديهم نقرة صغيرة بالذقن، أو ما تسمى بال "غمازة"، ، تكون حركة هذا الشَّخص عادة كثيرة بالرغم من هدوئه، أي عندما يدخل مَكَاناً معيناً ترى حركة رأسه كثيرة، وكأن شيئاً سوف يهجم عليه، كالطفل رُبَّمَا، أو حذره العفوي والبريء يخيل لنا هذا التصور.

برج العذراء (برج ترابي)

Aug 23 - Sep 22

يتصف بالذوق الراقي والأخلاق العالية. حبوب واجتماعي، رومانسي وعاطفي، ويؤمن بقصص الحب الخرافية، هادئ ولا شيء يثير اهتمامه بسرعة حتَّى في الحديث. عقلاني وواقعي جداً.. متوازن، يعشق الكمال ومهووس به، صبور، حكيم وناصح جيد، مكافح وناجح ويحب الوصول إلى هدفه مهما كانت الصعاب.. هو دائماً يريد أن يكون بالقمة، ويسعى إلى الكمال والإتقان بشكل غير متوقف، شخصية منتقدة وحادة، اقتصادي بعض الشيء، تعليقاته كثيرة وانتقاده مزعج أحياناً، لديه ثقة عالية بنفسه، واحترام ذات عميق.

ذكي ولا يوجد عنده وسطية بالأشياء.. يا أبيض يا أسود، أو إما سيء جداً أو رائع جداً، شخصية قوية وصاحبة رأي. وأيضاً بلا مبالاة في ماذا تفكر أو ما لديك من رأي، صاحب منطق، ويحب مساعدة الآخرين، حنون، ناضج وعملي... أحياناً يطلق عليه أنه جاف أو قاسٍ، ولَكِنه ليس كذلك، فقط بسبب رأيه الصارم ونقده لبعض الأمور...

في الحب: يحب الكمال في كل شيء حتَّى في الشريك، وبالطَّبع يستحيل الكمال في كل شيء وخاصة بالشريك...

المطلوب هو: حاول أن تكون قريباً من الكمال أو المثالية حتَّى لو بعشر مرات أقل؛ لكي تكسب انجذَّابه لقلبك...

العذراء (أي صاحب برج العذراء)، بالرغم من شفافيته ووضوحه في كل شيء، وحتى بالمشاعر، إلا أنه أحياناً يقول أشياءَ لا يعنيها، ويعني أشياءَ لا يقولها خاصة في بداية العلاقة.

مرات تراه منجذباً ومجنوناً ورومانسياً، وشغوفاً، ودائماً يخبرك أنه يحبك ويشتاق إليك، وسيفعل أي شيء ليسعدك، ومرات تراه العكس تماماً وكأنك كنت في مستوى الحب ومن ثم إلى مستوى الصداقة، أو رُبَّمَا لأقل مستوى من ذلك.. فلا تتعجب، هذا هو العذراء أحياناً...

لديه أسلوب رائع في الكلام والإغواء، ويكون الأفضل في الحب، هو رائع بكل الأحوال بما إنه يستخدم المنطق والعقلانية والواقع كسلاح مغرٍ ومجدٍ في حديثه، يُعتبَر هو بعد برج الدلو أكثر الأبراج المهووسة بالنظافة! لا تتعجب إذا تحمَّمَ مرتين أو ثلاث مرات باليوم أبداً، وتراه كلوحة فنية متجدِّدة وجذَّابة، يحب أن يكون جذَّاباً دائماً وكاملاً.

لكل من يهتم لأمر صاحب هذه الشَّخصية، أي برج العذراء، يجب أن تكون ذا شخصية قوية، ولديها خطط كثيرة وهادفة، وأن تكون عملياً ونشيطاً، وتعرف ما تريد وما لا تريد، هذا الشَّخص يحب الأشخاص الهادفين والأقوياء؛ لكي أيضاً يمدُّوه بالقوة والطاقة الإيجابية، وأيضاً يشعر بالأمان والحب أكثر مع هؤلاء الناس، ويكونون جداً محل اهتمام بالنِّسبة لهم...

الجَمِيل بهذه الشَّخصية أنك تعرف أين أنت بالعلاقة، وهل هو يحبك أم لا، وما درجة الحب بينكما، والعكس صحيح؛ فهو منطقي وهادف ولا يخشى التعبير عما يريد حتَّى في مشاعره.

كذلك لأي شخص يريد أن يكون مع العذراء لا تتأمل كثيراً إذا لمْ تكن قريباً من الكمال أو السعي وراءه، بالإضافة إلى أن هذا الشَّخص صحيح أنه يقول ما يريد، ولَكِن لا ننسى أننا ذكرنا أنه أيضاً يقول ما لا يعني، ويعني ما يقول أحياناً، ولا يقتنع بالشَّخص بسهولة، إذا كان كافياً بالنِّسبة له أم لا حتَّى لو كان حب هذا الشَّخص كافياً...

الشكل الظاهري لبرج العذراء...

برج جذَّاب ورائع جداً، وتكون جاذبيته واضحة وملفتة، عادة أغلبهم تكون أعينهم كبيرة ومائلة قليلاً، إلى أن تكون دائرية.

وأما بالنِّسبة للرجال فتعتبر أصغر قليلاً وكأنها مسحوبة من الزوايا، وتجد من نساء هذا البرج البعض هكذا أيضاً، غالباً يكون شعرهم قصيراً بالنِّسبة للنساء، والعكس نادراً للرجال.. تعاكس مدهش أليس كذلك!

أيضاً يتسم مظهرهم بشيء واحد فقط، وهو الهدوء ذو الذوق الرفيع، وتجد أيضاً حركاتهم منسقة ومرتبة، ولا يحبون الفوضى بشكل عام.

برج الثور (برج ترابي)

April 20 - May 20

هادئ، وأحياناً يكون قليل الكلام وخجولاً، محبوب واجتماعي، تقليدي وذو عادات وتقاليد، اقتصادي بعض الشيء، ومادي أيضاً، لا يحب أي شيء معقد بشتى الطرق، سهل المعاشرة والكلام، ولَكِنك تراه أحياناً غير واضح، ويتعمد إخفاء بعض الأمور. ذكي بخفاء، يحب النساء كثيراً والبعض منهم يكون لعوباً، صادق ولَكِن ليس بكل شيء، رُبَّمَا لأنه حذر ولا يثق بأحد بسهولة. يحب تحديد عالم أصدقائه وأحبائه لكي يستطيع

149

إعطاءهم الحب والثقة معاً، بسبب هدوئه نجد البعض يتهمه بالضعف أو رُبَّمَا البرود، ولَكِن ليس صحيحاً، فقط لأنهم مسالمون ولا يحبون الخوض في العقد والمشاكل. رومانسي وحساس بطريقة رائعة، لطيف ومرح، صديق جيد ووفي، ولا يتغير اتجاه أحد؛ لأنه هو هكذا، ولأنه أيضاً يتفهم كل العقول...

أيضاً هو عنيد جداً، ولَكِن يتقبل بالرغم من أنه مقتنع بذاته وبرأيه بشكل تام. ناصح جيد، ويحارب لأجل مصلحة أصدقائه، ولا يبخل عليهم بالإرشادات الضرورية والكلام الإيجابي.. وجود مارْس يولّد الشغف والطاقة والرغبة والقوة المفاجئة، والعدوانية أحياناً لديه.

في الحب: يكون رومانسياً جداً، ويحب الجسد بكل تفاصيله ويقدسه جداً، رومنسيته مخلوطة ببعض من الرغبة الغير مألوفة، ترى الرَّجل يعشق الأنثى بكل تفاصيلها، وأولها الجسد، فهو كما ذكرنا أنه يعشق جنس حواء كثيراً، لهذا أحياناً تجده لعوباً، أو رُبَّمَا كاذباً بطريقة مقنعة وصادقة بنفس الوقت. وبالرغم من كل ذلك إلا أنه إذا أحب بصدق يصبح وفياً جداً، وقريباً من حبيبته، ويهتم بكل جنون وشغف.. أي ليس له مثيل طبعاً، هذا إذا هو رغب بالشَّخص.

وبالنِّسبة للأنثى لا تختلف عنه كثيراً، ولَكِن رُبَّمَا الأنثى تكون ساذجة قليلاً في الحب، ولا تحب أن تفكر كثيراً وتتمعن بالشَّخص الذي يكون معها، تراها دائماً هادئة ومتفائلة، ولَكِن أكثر من اللازم، ولهذا السبب هي تعطي الأمان للرجل بسرعة، وبدون تفكير بالرغم من أنها تكون أنثى جَمِيلة...

الشكل الظاهري لشخصية برج الثور..

الشَّخص الذي دائماً يشع حتَّى من عينيه، لديه نظرة ثاقبة ومميزة، بالطَّبع فهو الثور! بالفعل؛ لأن كل الأبراج يكون لها علاقة بالاسم حتَّى من ناحية الشكل غالباً. حضور هذه الشَّخصية هادئ، ولَكِن بقليل من المكر واللؤم الغير مباشر، ترى ملامح وجهه كالثور، شعر الوجه قليل ولَكِن بارز كأنه ثور، أو تجد الشعر كثيفاً، وهكذا وكل ذلك مصاحب بالنظرة الداكنة المشعة، ما بين الحب والكره، تكون أوجههم مستطيلة، بطول خفيف مع بروز الذقن قليلاً.

برج الحمل (برج ناري)

Mar 21 - April 19

محتال أحياناً، غامض ولَكِنه واضح بعض الشي ومباشر، يحب التجديد في الجنس اللطيف، يحب السيطرة ويحب أن يكون القائد، يتغير كثيراً في الطَّبع، متمرد، مندفع ومتسرع، ولهذا السبب أحياناً تراه لا يدرك الخطأ، أو بعض الحماقة التي ارتكبها، مغامر في الأشياء السلبية أكثر من الإيجابية؛ لأنه دائماً يلازمه الخوف وخاصة من الالتزام والأشياء الغير متجددة أي التي رُبَّمَا تكون قريبة من الروتينية.

متحمس ولديه طاقة مغرية، غير صبور وعصبي جداً، عدواني ومتقلب كثيراً وينزعج لعدم حصوله على الأشياء بطريقته الخاصة، يحب الاستقلال والحرية، ذكي، حساس ويحب دائماً أن يحمي نفسه وقلبه من الألم، أو الأشخاص الذين يسببون له الألم، يتصنع أحياناً أشياء يتمنى أن تكون فيه، كانتحال صفة معينة في شخصيته، وما شابه ذلك.

من الاحتمالات البسيطة التي تحدث مع هذا الشَّخص أنه يكذب أحياناً لمصلحة نفسه، حنون جداً وكريم، يمل بسرعة، من السهل إغضابه ومن السهل أيضاً إرضاؤه...

في **الحب**: يحب نفسه أكثر من كل شيء في الحياة، وهدفه الأساسي، هو إمتاع نفسه بكل الأساليب المتاحة، ومن الممكن أن يستغني عَن الشريك بسبب أنانيته، يحب الغموض في العلاقة، أي يجب على الشَّخص الذي يعجب بهذا البرج أن يكون مبهماً بعض الشيء، وغير واضح بشكل كامل. اترك له القليل من التشويق فيك، هو يحب هذا الشيء، يحب أن يكون القائد بالعلاقة، ويفضل أن يحب أيضاً بطريقته الخاصة، وأن يعمل كل شيء بطريقته فقط، وهكذا هو ينجز الأمور...

لا يحب الملاحظات الكثيرة والنقد من الشريك، وأيضاً أهم صفة فيه هي الاستفزاز، كل هذه الامور تجعله يمر بنوبات عصبية الشريك في غنى تامٍّ عنها، وهذا بالإضافة إلى أنه عصبي جداً، ومتقلب، ويتغير كثيراً، ودائماً صاحب هذه الشَّخصية تراه مراتٍ قريباً ومرات بعيداً.. وأيضاً مرات يعرف ما يريد، ومرات لا يعرف؛ بسبب مخاوفه الغريبة من الاستقرار في العلاقة، وخضوعه لشخص واحد فقط، يأخذ وقتاً كبيراً

ليخرج مشاعره أحياناً، وأحياناً يكون العكس، ويكون فائق السرعة بمشاعره.

شخصية صعبة بعض الشيء، ومزاجية، لأنها متغيرة أغلب الوقت، ولهذا يكون من الصعب التعامل معها من قبل الشريك... فاستخدام الصبر نصيحة جيده لمن يريد أن يكون مع برج الحمل. ينجذب أكثر للشريك الصعب الوصول إليه...

الشكل الظاهري لشخصية برج الحمل..

يبدو وجهه محدداً، أو قريباً إلى التعضيل بطريقة غريبة. من اسمه "حمل".. أي قريب إلى الحمل. عيناه تكونان بائستين، وكأنه يوجد بهما انطفاء لحريق عشوائي أتى فجأة ولَكِنه ذهب. عيون متوهجة قليلاً مع ماء الانطفاء لهذا الوهج.

هذا الشَّخص غالباً يكون جسده ممتلئاً من الوسط، أو من النهاية بشكل غريب، حين يمشي يكون مصاحبه التفكر أو النظر الموجه لشيء واحد...

برج الأسد (برج ناري)

Jul 23 - Aug 22

حيوي ونشيط، عملي وشغوف، قائد رائع، ذو حضور ساحر، متحدث جيد ومناقش جيد أيضاً، يحب الحياة ويحب أن يكون سعيداً. متفائل ولا يخضع أو يرضى بالهزيمة، لبق وذكي، سهل التعامل معه، دائماً مبتسم، جاد وقوي، يحب العدل والمثابرة للحصول على الهدف، مخلص وخاصة في حياته العملية، لا يبوح بمشاعره بسهولة إلى أن يتأكد بكل التفاصيل، ومنها إلى وقت الذروة، يحب التَّحدي، ومنافس جيد، انتقائي جداً بكل شيء وخاصة عندما يتعلق الأمر بالصداقة، طموح ومحبوب، يحب أن يكون محل انتباه وتحت أضواء الشهرة، فبالطَّبع لأنه القائد....

في الحب: ماذا يحب هذا الشَّخص القائد! رُبَّمَا يحب الكمال في الشريك ولَكِن ليس بالضروري، هو فقط يحب الشريك القريب من الكمال. هذا الشَّخص بما أنه يحب عمله ويعتبر عمله في المركز الأول من أولوياته، وأيضاً الشهرة والاستمتاع بها، وما فيها من انتباه كبير... لا يحب التحكم والحكم، أو حتَّى

التحكم والحكم به أو عليه؛ يحب من الشريك أن يتفهم عمله، وهذا النوع من أسلوب الحياة.

كذلك هو بكل الأحوال يحب الاهتمام والانتباه، سواء من الشريك أو غيره، بمعنى الغير أي محيط عمله، وهكذا... لمن يعجب به يجب عليه أولاً احترام قوانين عمل هذا الشَّخص وتقديرها، وبنفس الوقت يجب أن يكون لدية التوافق والموازنة لاحترام عمل الشريك، والاهتمام والانتباه له بنفس الوقت...

الأسد يحب الاهتمام كثيراً حتَّى لو كان في قمة انشغاله.. هذا يجعله سعيداً وتحت الأضواء دائماً. يحب المدح كثيراً، ويحب الكلام الجَمِيل وجمال الأسلوب وصِيغته بطرق جذَّابة ومشوقة. للفوز به.. فقط طريقة بسيطة.. الكثير من المدح والدعم، واحترامه التام، وأيضاً اجعل هذا الشَّخص يشعر بالتميز لكي يتقبلك أكثر لأنه هو يجعلك تشعر بأنك مميز فعلاً لهذا اجعله يشعر بذات الشعور. كن صادقاً ولا تحاول خداعه؛ لأنه يكره الخداع وعدم الوفاء... نقطة مهمة أيضاً إذا كنت من النوع المتسرع في الحب، أو حتَّى المشاعر إذاً لا يناسبك هذا الشَّخص لأنه يحب التأني والبطء في العلاقات، وهو مؤمن باللحظة ويحب عيش اللحظة... لا يثق بمن يتسرع بمشاعره اتجاهه،

يستلذ هذا البرج في الأشياء بوقتها ويحب التأكد من مشاعره بكل دقة وانتقاء...

المظهر الخارجي لشخصية برج الأسد..

من انطلاقة اسمه القائد، أي القائد لجيش معين، أو المتبع من قوم معين، أي الذي يحب أن يكون مُلاَحَظاً وكل الانتباه فقط إليه.. هذا الشَّخص يبدو من بعيد وهو آت كالأسد.. له حضور مخيف، وطلة مبهرة، وحينها تعرف أنه الأسد.. أصحاب هذه الشَّخصية يكونون كثيري الشعر، والرجال منهم يكون شعرهم دائماً طويلاً وظاهراً، ويجعلوه منسدلاً على الوجه بشكل غريب وملفت... كل ما في الأمر أنه ظاهر جداً هذا الشعر.

دائماً أشكالهم مثل الأسود أو القطط، التي بالطَّبع هي من فصيلة السنوريات، أي كل شكل متعلق بهذه الفئة، يتميز بالعيون الهادئة والغامضة بنفس الوقت.

أكثر الأبراج غموضاً وتشابهاً..

برج الجدي وبرج الدلو، الجوزاء، برج الميزان.. كلّهم أصحاب شخصيات قابلة للتغير، ولهذا هم متشابهون...

النوع الثاني من شخصية برج الجدي (المتحفظ) هو أكثرهم ثباتاً.

يوجد نوع من برج الدلو يكون خليطاً من كل تلك الشَّخصيات، وبالنِّسبة لبرج الجدي أيضاً. كذلك شخصية برج الجوزاء، أكثرهم ثباتاً الشَّخصية الحاملة للماء.. ومتميز بانفراده بصفات ثابتة لا يتصف بها غيره، وبالنِّسبة لبرج الجوزاء والجدي أحياناً يتبادلون الأدوار من ناحية المغامرات والانحراف المعروف بهم والغير مرئي أيضاً.

الجدي يظهر تحفظه غالباً، ولَكِن حبه للهوى وما ينتمي إلى ذلك شيء موجود به، ويحب أن ينسى نفسه باللحظة، ولا تهمه العواقب، أما بالنِّسبة للجوزاء فهو نفس الشيء بلا تحفظ؛ لأن الجوزاء شخص غير متحفظ، ومتحرر، ويحب أن يفعل ما يريد وقت ما يريد، وأبداً لا يهتم للعواقب، كلّهم نفس الصفات، ولَكِن الجوزاء بشكل مضاعف. شخصية برج الدلو تشبههم أيضاً ولَكِن باختلاف كبير، غير متحفظ بالطَّبع لأنه يتنفس الحرية من جميع النواحي، وله طرق مختلفة وخاصة لعيش حياته، وله حدود من نواحي الهوى والانحراف، فالعابرون لا يستطيعون الدخول إلى مملكته بسهولة، كشخصية الجوزاء، والجدي وأيضاً الشَّخصية الميزانية، لأنه شخص يتصف بالغرابة، ولا

يجذبه إلا الأشخاص الأشد غرابة منه، أو الأكثر غرابة من الغرابة نفسها، وأيضاً لأنه ينظر إلى الأمور بشكل لا ينظر إليه أحد مثله، أو حتَّى قريب من نظرته لهذه الامور. ترى شخصية برج الدلو أحياناً يجتمع به الجوزاء والجدي، والعكس بالنِّسبة لهؤلاء الثلاثة؛ لأنهم متشابهون، ودائماً ما يتبادلون الأدوار، وهكذا هي الشَّخصيات المتغيرة كثيراً...

بالنِّسبة لشخصية الميزان، رُبَّمَا هو شخص رائع وساحر وجذَّاب، ولَكِن جزءاً كبيراً منه ليس هو الحقيقي؛ بل ادعاء لغرض لا يدركه إلا هو، هو فقط يأخذ منهم شيئاً بسيطاً فقط، يكون من ناحية تقبله لآراء الاخرين بكل صدر رحب، ورضاء تام، ويحب أن يتعرف على كل شخصيات المجتمع بالرغم من أنه انتقادي، إلا أنه ينجذب دوماً للجوزاء، وصاحب برج الدلو والجدي وينسجمون معاً.

شخصية برج الميزان تنضم معهم بصفة الهوى والانحراف ولَكِن بشكل أكبر وأدهى، رُبَّمَا يكون قريباً للجوزاء؛ لأن كلاهما جيد في إخفاء علاقاته العابرة، أو نزواته. ومن الممكن أن تصدقهما بسهولة، وإذا تم الكشف بهما أصبح العكس، أي أن إخفاءهم لهذه الأشياء جيداً يجعل من الأشخاص المحيطين بهم يصل بهم الأمر عندما يكتشفون أمرهم يصبحون بعد أن كانوا

يصدقون كذبهم وادعاءهم لهذا الكذب، أن يكونوا يكذبون صدقهم في كل مرة يكونون فيها صادقين، وهنا يضيع الشريك ولا يستطيع إكمال العلاقة، وأعتقد أنتم تعرفون ماذا يحدث. الشَّخصية الجوزاء والشَّخصية الميزان أكثر الشَّخصيات إخفاءً لأمور أنتم لا تعلمون بها.

الجدي والدلو رُبَّمَا يفعلون كل هذا، ولَكِن بصدق غريب، أي بمعنى أنهم واضحون بغير قصد أنهم يريدون ان يكونوا واضحين. عندما ينغمسون بالخطأ أو بالطريق الغير سوي تراه واضحاً على وجوههم، حتَّى لو سألتهم تجد الإجابة على وجوههم أو حتَّى بصمتهم، لا يستطيعون الادعاء أو التصنع وإذا فعلو ذلك يكونون مكشوفين جداً.

لهذا رُبَّمَا تشعر بالأمان وأنت تحرسهم أو تحاول حمايتهم من أي شخص سيء يأتي إليهم، أو أي عادة يكتسبونها لسبب معين، وتكون سيئة. هم عفويون وصادقون....

حس جمال ظاهري للأبراج

غزل وليس جدل

سهل وليس صعباً للوصول إلى قلبك

خاطف بلمح البصر

واتباعه مريح ومسر للنظر...

برج الدلو

أهوى وتهوى ولا يشبهنا أي مثل، لا نستوعب الواقع فهو مر

ونحن، نحب العسل...

برج القوس

أومن بالعدل على كل البشر، ولَكِن هل أعمل به لذاتي؟ أتردد

وأحتار كثيراً، أهرب أنا من حماقاتي.

برج الميزان

أضيع من نفسي في نفسي.. غطائي الكبرياء، أعشق الانغماس بذكائي، وأحب أن أكون من برج الجوزاء.

برج الجوزاء

ذهاب ورجوع ما بين القلب والعقل، أهمل عقلي ويغريني الوهم، أضحك كثيراً بلا مبالاة، وداخلي يبكي يرتجي نقطة أمل.

برج العقرب

أنا لا أخاف وسلاحي دائماً معي، أحب الانتصار دوماً.. أنا نصفان، ونصفي الآخر بلا ضمير، وليس معي..

برج الجدي

أنصت بحرص وجيدٌ بذلك، أُخفي هويتي لذاتي، وغير مسموح أن يطَّلع عليها أحد، أحبك وتحبني وشعاري السلام، لا تصدقني كثيراً فأنا للصدق لست جيداً بالوعد.

برج السرطان

عاطفتي النقية تجذبني إليك، أعجز عَن الخروج من قلبي، ولا أتنفس بدونك.. جذوري ثابتة وقوية، ولا أتغير على مر الزمان، وتحركي وطاقتي تكون بعيونك.

برج الحوت

أحب سلب كل شيء يحتويك، صمتي أكثر من كلامي وهدوئي ملامحي، أبتسم للخيال من بعيد، وأحتضن ثقتي.. الكمال بكل أنواعه مراجعي

برج العذراء

أحب الحياة ومن المحال أن تهزمني.. أنا القوة، أنا الغني، العشق شيء جَمِيل، ولَكِن لا يبهرني، بصمتي عزم وزئير، ولا شيء يقتلني.

برج الأسد

اتجاهاتي متعددة، ولا يلفت انتباهي أي منها، أحب طرق كل الأبواب للمعرفة، لا أعرف نفسي كثيراً.. أحب الصعاب ولست سيئاً بالمغفرة.

برج الحمل

أطير أينما تأخذني الرياح.. أستمتع بكل لحظة ولَكِن بمعاناة أجد الارتياح، الاهتمام يليق بي، ودائماً طليق الجناح.

برج الثور

تمت